U0525367

◆ 全国政协委员肖钢

◆ 北京工商大学经济学院教授胡俞越点评

◆ 特许金融分析师（Chartered Financial Analyst，CFA）协会中国会长贾立军点评

◆ 肖钢发表主题演讲

◆ 中央电视台财经频道《交易时间》主持人姚振山点评

◆ 中国人民大学国际货币研究所原副所长向松祚

◆向松祚发表主题演讲

◆国务院国有资产监督管理委员会政策法规局局长林庆苗点评

◆ 国务院国有资产监督管理委员会资本运营与收益管理局局长李冰点评

◆ 全国企业合规委员会副主席王志乐

◆ 王志乐发表主题演讲

◆ 中国政法大学商学院副书记李欣宇点评

◆ 中国政法大学校长马怀德为王志乐颁发中国政法大学商学院兼职教授聘书

◆ 国资委法律顾问、中国企业改革与发展研究会副会长、中国政法大学商学院院长刘纪鹏

◆ 中国政法大学民商经济法学院教授、洪范法律与经济研究所所长王涌

◆ 中国政法大学商法研究所所长、中国法学会商法学研究会秘书长李建伟

◆ 联合国世界区块链组织（WBO）首席经济学家金岩石

◆ 金岩石发表主题演讲

◆ 复旦大学中国研究院院长、中信改革发展研究院资深研究员张维为

◆张维为发表主题演讲

◆国务院发展研究中心副研究员江宇点评

◆中国社会科学院政治学研究所所长张树华点评

◆中信改革发展研究基金会理事长孔丹致辞

◆北京大学国际关系学院教授潘维点评

◆马怀德、郑永年、刘纪鹏

◆ 新加坡国立大学东亚研究所前所长、中信改革发展研究基金会海外顾问郑永年

◆ 郑永年发表主题演讲

◆ 中国法学会副会长、中国政法大学前任校长黄进点评

◆中国人民大学国际关系学院院长杨光斌点评

◆和君创业咨询集团总裁李肃点评

◆李欣宇、朱嘉明、刘纪鹏

◆维也纳大学教授朱嘉明

◆朱嘉明发表主题演讲

◆中国政法大学商学院资本金融系主任胡继晔点评

国家社科基金重大项目

我国自然资源资本化及对应市场建设研究 (15ZDB162)

FINANCIAL REFORM AND INNOVATION ON THE ROAD OF CHINA
中国道路下的金融改革与创新

○主编 刘纪鹏　○副主编 武长海

人民东方出版传媒
东方出版社

图书在版编目（CIP）数据

中国道路下的金融改革与创新 / 刘纪鹏 主编. —北京：东方出版社，2021.6
ISBN 978-7-5207-1964-3

Ⅰ.①中… Ⅱ.①刘… Ⅲ.①金融改革—研究—中国 Ⅳ.①F832.1

中国版本图书馆 CIP 数据核字（2021）第 059652 号

中国道路下的金融改革与创新
（ZHONGGUO DAOLU XIA DE JINRONG GAIGE YU CHUANGXIN）

主　　编	刘纪鹏
责任编辑	袁　园
出　　版	东方出版社
发　　行	人民东方出版传媒有限公司
地　　址	北京市西城区北三环中路 6 号
邮　　编	100120
印　　刷	北京印刷集团有限责任公司印刷一厂
版　　次	2021 年 6 月第 1 版
印　　次	2021 年 6 月第 1 次印刷
开　　本	710 毫米×1000 毫米　1/16
印　　张	14.5
字　　数	198 千字
书　　号	ISBN 978-7-5207-1964-3
定　　价	59.00 元

发行电话：(010) 85924663　85924644　85924641

版权所有，违者必究

如有印装质量问题，我社负责调换，请拨打电话：(010) 85924602　85924603

目录 CONTENTS

序　言　　新时代大国金融梦　// 1

肖　钢　　第一篇　终结"牛市情结"
　　　　　　　　　——从2015年股市危机中学到了什么？　// 001

向松祚　　第二篇　基础科学研究如何激发人类的四次
　　　　　　　　　工业革命　// 019

王志乐　　第三篇　增强合规竞争力，打造世界一流企业　// 045

刘纪鹏　　第四篇　中国道路下的国资改革
王　涌　　　　　　——以中美贸易争端为背景　// 081
李建伟

金岩石　　第五篇　区块链与数字经济发展的机遇与挑战　// 109

张维为　　第六篇　从中国改革成功看中国崛起之路　// 137

郑永年　　第七篇　中国模式及其未来　// 163

朱嘉明　　第八篇　世界货币演变与数字经济　// 193

序言　新时代大国金融梦

一、探索通向金融强国之路

党的十九大报告提出中国特色社会主义进入了新时代。深刻领悟和准确把握金融在中国特色社会主义市场经济中的地位和作用，是新时代理论工作者、政策制定者和道路实践者的重要使命。站在改革开放以来新的历史起点上，我们有必要在回溯中国金融改革的历史进程中总结经验，为我国建立高效、公平的和谐社会，跨入新时代提供金融工作指南。

关于金融在现代经济中的地位和作用，邓小平1991年就给出了科学判断，并深刻地揭示了现代经济与金融之间的辩证关系："金融很重要，是现代经济的核心。金融搞好了，一着棋活，全盘皆活。"[①] 改革开放以来，中国经济经历了从起步到腾飞，GDP总量居全球第二位；从单纯的货币金融发展到多层次资本市场的建立，资本金融蓬勃发展，截至2020年末，金融业机构总资产逾350万亿元，已经成为名副其实的金融大国。但中国离金融强国还很远，有专家研究指出，衡量一个金融强国的标准主要包括：(1)金融市场规模足够大，可以影响全球的资金流向；(2)有竞争力的金融服务体系；(3)在相当大程度上能够决定国际市场资产价格；(4)金融产品创新能力强；(5)本币成为国际主要货币；(6)具有对国际金融规则的制定、

[①] 《邓小平文选》第3卷，人民出版社1993年版，第366页。

修改和解释权。结合中国的金融发展现状来看，第一，多层次资本市场发展还很缓慢。股票市场规模虽然大但存在问题多，金融衍生品市场、票据市场、外汇市场、债券市场等资本金融市场发展缓慢。第二，金融机构缺乏国际竞争力。第三，市场化程度和定价能力低，产品创新能力和机制薄弱，产品单一，缺乏竞争力。第四，高端金融人才匮乏，控制金融风险和应对金融危机的能力不足。第五，国际金融规则的制定权和解释权不足。第六，人民币国际化道路还有很长的路要走。

金融是一国配置资源的枢纽。随着全球经济、金融一体化的发展，资本、人力、技术与信息等生产力要素的全球流动与配置都与国际金融的发展相连，一国金融的强弱决定了其在全球范围内的资源配置能力。中国经济经历40多年的高速发展，已经成为经济大国，但并不是经济强国，需要从根本上转变经济增长模式和转型经济结构。与此同时，需要建立一个高效、稳健、开放的金融强国金融体系。金融强国是经济大国可持续发展的根本保障。

资本市场是中国崛起的重要保障，建立强大的现代金融体系，实现大国金融梦是实现中国梦的一部分。中国政法大学有一批专家学者长期关注、研究金融和金融法治的理论与实践，笔者基于长期的研究和实践，提出了"资本金融"的新概念，将现代金融划分为货币金融和资本金融两大分支，并对资本金融理论体系进行了系统的研究和论证。此外，笔者希望通过整合中国政法大学的法学等优势学科资源，借助一批校内外既懂法律又懂金融的专家资源，为中国金融立法和金融发展提供科学理论依据，解决中国金融体制改革和资本市场发展中的法律与金融结合当中的实际问题，探索实现金融强国的路径。

实现金融强国要做好以下工作：一是发展和完善多层次的资本市场，

尤其要大力发展资本金融。资本金融发展到今天，已经成为现代金融在量的增长上的主力。[①] 二是调整市场结构，提高市场的统一性。三是完善金融市场基础环境，推动金融市场化改革，包括金融产品的市场化、利率市场化、汇率市场化等。四是提高金融市场的效率、金融产品的创新能力和金融机构的治理能力。五是改革金融监管体系，建立与金融市场发展相适应的监管体系和监管制度，维护好公平和正义。

二、培养金融强国高端人才

实现金融强国离不开高端人才的培养。2015年6月18日，在王健林、张大中等知名企业家的赞助下，中国政法大学组建了我国第一家资本金融研究院——中国政法大学资本金融研究院，笔者担任首任院长。研究院的建立很好地体现了三个结合，即法律与金融的结合、理论与实践的结合、校内与校外的结合。研究院将发挥资本市场智库作用，为中国金融立法和金融发展提供科学理论依据，解决中国金融体制改革和资本市场发展中的法律与金融结合当中的实际问题。同时，研究院作为研究资本市场法治化发展的学术平台，旨在培养复合型的人才。

研究院成立伊始，就在法律硕士（非法学）专业招生中设立了"资本金融法律实务"方向，在经济法学科下设立了"法律与资本金融"方向，每年培养既懂法律又懂金融的法律硕士、法学硕士、法学博士等20余名复合型研究生。在教学模式探索上，采用"校内与校外""金融与法律""理论与实践"相结合的双导师制，重点培养精通法律与资本金融的复合型人才，为国家培养金融法治所需要的金融监管、金融审判、金融仲裁和金融法务方面的复合型、应用型与创造型高端人才。

---

① 刘纪鹏：《资本金融学》，东方出版社2017年版，第16页。

目前，笔者同时担任中国政法大学商学院和资本金融研究院院长，提出了法学要和管理学结合，即法商结合，互为补充。将资本金融研究院和商学院资源、学科融合，即"两院"融合，相辅相成，把管理学、法学和金融学结合起来，在两结合、三结合甚至多结合的进程中，走出一条培养人才的创新之路。

三、举办智库型高端法治金融论坛

蓟门法治金融论坛源于资本金融研究院承担法律硕士（资本金融法律实务方向）的一门课程——资本金融法律实务，该课程为一门讲座课程。为了打造好这门课程，笔者下了大功夫。首先，将该课程升级为论坛，并命名为"蓟门法治金融论坛"；其次，聘请国内外顶尖的资本市场监管、理论和实务人才担任主讲人，同时邀请2~3名相关领域的知名专家担任评论嘉宾；最后，加大校内外宣传力度，并将论坛放在学院路校区的学术礼堂。在这样的精心筹备下，论坛场场精彩，场场爆满，吸引了大批校内外听众。

目前论坛已经持续举办了9个学期，每学期10讲左右，完成了80多讲，邀请的主讲人包括刘伟、周渝波、贾康、乔良、洪磊、巴曙松、潘明忠、杨凯生、金岩石、赖小民、姜昆、蒲坚、段永朝、蔡洪平、祁斌、吴晓求、周明、彭华岗、王国刚、银温泉、余永定、陈兴动、刘俊海、向松祚、蔡鄂生、孔丹、邵宁、卢周来、王梓木、黄海洲、何帆、王湘穗、宋志平、张红力、范恒山、冯仲平、洪崎、崔之元、曹和平、郝叶力、李正强、林义相、章百家、申毅、王建、温铁军、郑万春、郭凡生、贺强、刘永好、周放生、黄平、王忠民、房宁、安青松、邓志雄、吕良彪、黄泰岩、朱华荣、黄江南、彭凯平、张慎峰、曹凤岐、胡俞越、肖钢、郑永年、朱嘉明、张维为、王志乐、王涌、李建伟等，讲座的内容涵盖宏观经济与金融安全战略、全球货币体系格局、金融业改革与创新、公司金融与新金融、国企改革、"一带一路"与中国企业海外投资等。论坛在校内外产生了巨大影响：在校内已经成为研究生通选课程，成为中国政法大学的一个品牌；在校外也产生了良好声誉，远播京城。"蓟门法治金融论坛"从一开始就得到了学校领导的大力支持，胡明书记、马怀德校长、黄进校长、时建中副校长、于志刚副校长、李树忠副校长、常保国副校长等多次到论坛致辞或参加点评。为了传播该论坛的讲座内容，黄进校长多次强调将这些讲座整理并出版，经过努力，"金融强国之路"第一辑（论坛第1—17讲）于2017年2月由东方出版社出版，第二辑（论坛第18—28讲）于2017年5月出版，第三辑（论坛第29—37讲）于2018年2月出版，第四辑（论坛第38—46讲）于2018年5月出版，第五辑（论坛第47—56讲）于2019年4月出版，第六辑（论坛第57—66讲）于2020年5月出版，第七辑（论坛第67—75讲）于2020年9月出版。

"蓟门法治金融论坛"会一直持续下去，"金融强国之路"系列也会一直出版下去。在这里，要感谢各位主讲专家，点评专家、校领导、教授，以及东方出版社的袁园编辑与其他单位、媒体和专家的大力支持！一并致谢！是为序。

刘纪鹏
于蓟门桥畔·中国政法大学研究生院科研楼

第一篇
终结"牛市情结"——
从 2015 年股市危机中学到了什么？

蓟门法治金融论坛第 76 讲

主讲：肖钢　全国政协委员、中国证监会原主席

时间：2019 年 9 月 18 日

地点：中国政法大学蓟门桥校区

点评：胡俞越、姚振山、贾立军、霍学文、向松祚

互动提问

致　辞

刘纪鹏：今天是2019年"蓟门法治金融论坛"秋季的开坛之讲，今天的题目谈到资本市场，特别是"牛市情结"问题，股市问题是当前中国经济一个重大的问题，它下连企业制度，中连金融问题解决对策，上连市场体系完善，不仅关系到投资人的财富效应，更关系到中国前途和改革开放的命运。习近平总书记高度重视金融，中共政治局两次专题学习金融问题，习总书记特别提到资本金融和直接融资、资本市场的监管规范和股权融资。

从1990年深交所试运行开始到现在，我国股市发展已30年，境况依然不理想。股市"牛短熊长"的问题出在哪儿？纵观我国股市发展历程，我认为存在三个问题：一是认识问题，二是制度问题，三是技术问题。习总书记重点提到发展资本市场，强调资本市场的重要性，但至今制度和技术问题仍未解决。

肖钢是学金融出身的，毕业于湖南大学，之后获得中国人民大学法学博士学位。他曾在中国人民银行做政研室主任，1995年任中国人民银行计划资金司司长，当时是央行系统内最年轻的正局级干部。1996年后，从中国人民银行行长助理做到副行长，之后任中国银行董事长。2013年，成为中国证券监督管理委员会主席。肖主席是一位既懂理论又有实践的政府官员，他的实践和学识体验与我们中国政法大学的理念相契合。

我个人主张是要有牛市的。只有资本市场发展起来，人们才能获得财富效应，人们对中国经济的信心才能增强。中国市场体系只有进一步完善，才能拿到国际竞争中的产业链、价值链的高端话语权。但肖钢同志怎么会说终结"牛市情结"呢？

第一篇
终结"牛市情结"——从 2015 年股市危机中学到了什么？

我需要申明，本人主张是要有牛市的，不需要的是"牛市情结"。我先解释下"情结"，这个词是心理学上的术语，是对某种事物的一种渴望，可以解释为人们心中强烈的但又无意识的一种冲动，也可以说是人类情感当中的隐私部分。有的情结是健康的，如家乡情结、民族情结等；还有一些是不健康或者带有疾病状态的，如恋母情结。对于小孩来说，依赖自己的母亲本身是正常的，但是 30 多岁还要跟母亲睡在一起，从心理学的角度上讲，这种过度依赖就是病态的。

所以对于牛市来说，如果存在一种过度的"牛市情结"，这可能会影响监管者的行为和心理。监管者行为如果不恰当，就可能会对真正的牛市起到不好的作用，甚至适得其反，形成"牛短熊长"。所以我们从这个角度切入，思考从 2015 年的股市危机当中吸取到的一些经验和教训。

一、为什么整个社会广泛地存在"牛市情结"？

股市涨确实会带来财富效应。当股市涨时，无论是上市公司、商业银行、散户、机构投资者、学者还是媒体，甚至连政府监管部门都是乐见的。股市上涨好处很多，投资者能赚钱，企业融资更多，抵押品升值，有利于促进消费和投资。监管部门甚至把股市上涨作为政绩，只有股市涨了，才能证明工作有效果。如果股市总在下跌，网上的负面消息也会比较多，对政府会产生隐形的约束和压力，甚至对声誉也会产生影响。

此外，媒体已经成为影响股票定价的因素之一。媒体传递信息，使得其在股票市场的作用变得越来越重要，也变得越来越复杂。为什么会这样？因为媒体影响人们的预期，进而会影响人们的投资行为。中外皆如此，国外媒体所产生的作用也非常大。从目前国内的情况看，媒体在整个股市发展的历史节点中发挥了引导预期的重要作用。特别是现在自媒体的广泛应用，更容易导致热点事件爆发式地传播。当然，过去也有媒体，这十几年来，媒体对股市都存在一定的影响，不过现今媒体很容易在股票市场，甚至在全球范围内瞬间形成一致性的预期，它的组织能力和动员能力超乎想象。

在股市实践中，特别是2015年中国股市与世界上主要股市的联动关系非常明显。当年中国股市开放度还不高，与美国股市在资金上并没有太多联系，却在几分钟之内，中外投资者的预期达成了一致，发生了大规模趋势投资的行为，这确实是一个很重要的现象。当预期达成一致时，会出现"要不都抛，要不都买"的情形。

1992年股市低迷时，当时新华社发表了关于股市的评论，以提升投资者信心，一个月后上证综指就涨了271%。1999年的"519行情"，当年6月15日《人民日报》发表了坚定信心的特约评论员文章，传达了国家支持股市的信号，6月22日，股市就创下了9年来的历史新高。2001年股市低迷时，新华社发表了《中国股市：风物长宜放眼量》，之后股市发展到了顶峰。2005年，《人民日报》发表了《白话股权分置改革》，助推了牛市的热情。2014年4月，人民网发表了《4000点才是A股牛市的开端》；5月13日，《人民日报》发表文章释放了牛市信号。这些重磅文章对我国以散户为主的股票市场起到了重要的助推作用。

媒体很愿意忽悠牛市。2018年股市不好，2019上半年股市有一点好转时，就有大量类似前几年这种"牛市又来了"的舆论。我们都希望有牛市，但像这种鼓吹的牛市是没有益处的。

从境外股票市场的历史发展情况看，20世纪60年代到70年代，日本和韩国曾经出现过"牛短熊长"的现象，但是时间并不长。新兴市场国家的股市，如巴西、俄罗斯、南非、印度等，还有一些发达国家的股市，如美国、英国、德国等，基本上是牛市的时间比熊市的长。多年来，我国股市采取"宽多严空"的政策比较多，使得市场表现和调控出现背离，出现暴涨暴跌的现象，即"牛短熊长"。总体来看，30年来牛市平均的持续天数是10个月左右，熊市平均的持续天数大约是22.6个月，熊市时间是牛市的两倍多。2008年和2015年，牛熊市的表现为快涨快落，而且落幅要比原来的涨幅高。

二、A股"牛短熊长"原因何在

影响股市的政策较多，包括货币政策、财政政策、产业政策和行政管制政策。比如，在股市低迷时暂停IPO（首次公开募股），可能短期内对投资者特别是散户会有效果，但从中长期看，实际上改变不了股市运行的趋势。多空机制不建立，股市盲目上涨时没有制约的力量，就容易形成暴涨，也很快会掉下来，形成所谓的"牛短熊长"。我认为，以下几方面是造成A股"牛短熊长"的原因。

第一个原因是国内上市公司的整体质量不佳，重规模扩张，不重质量效益。上市公司中有一部分不具备长期稳定经营的能力，而有潜力的好企业又进不来。这里我还想提一句，为何我国股市不是宏观经济的晴雨表呢？其中一个很重要的原因是我国股市指数和GDP增长速度没有必然的联系，但与上市公司的盈利状况有必然的联系。如果把股市的涨跌与上市公司的盈利状况做对比分析，我们就会发现这个规律。

第二个原因是A股投资功能较薄弱，这已是老生常谈。价值投资的理念很难推行，而投机交易成为主流，导致股票换手率过高。基金亦如此，虽然我国有公募基金，有机构投资者，但参与基金投资的基民频繁申赎，使得机构投资者也变得散户化。20年来，公募偏股型基金的回报率达到了16%，但基民拿到的回报只有5%。为何基民拿不到这个回报？道理同买股票一样，散户买卖股票过于频繁，快进快出导致无法分享收益，不仅增加了成本，甚至会导致亏损。

第三个原因是缺乏做空的制约力量。比如，当有舆论或研究报告唱空时，许多人会很不高兴，其实这是一种制约的力量。当然，不乏有一些故意造谣的，这种情况要严厉打击和纠正。市场做空，实际是保证股市稳定发展的一个手段，但我们往往会把它看成贬义的负面因素。

美国的市场上有一家浑水公司，专门做调查研究，挑上市公司的毛病，发表一些对上市公司不利的言论。但它并不是诬告性的，而是从行业、技术水平、销售情况、产品质量和财务收支等方面做大量的分析和论证后再来发表评价，供投资者参考。而我国市场是不希望有人来做空的，缺乏这种约束机制和平衡力量，容易导致股市涨得过快，跌得也过快。

第四个原因是有些政策目标频繁转移，监管政策缺乏连续性和稳定性。政策经常性地摇摆，政策目标多元化，使得政策出现短视行为，甚至会出现朝令夕改的情况，从而影响投资者的预期。

第五个原因是中小市值的股票长期估值偏高，这实际上是历史形成的。股票发行最早是计划审批制，各地政府和主管部委推荐企业上市，公司数量与发行额度十分有限，造成股票稀缺及供求严重失衡，导致中小股票估值偏高。

我们可以发现，即使股市处于低迷时，中小市值的股票市盈率仍然很高。在股市先天发育不足的情况下，历史原因造成的高估值使得很多问题很难解决。为什么推进注册制改革有一定的困难？这就是其中一个很重要的原因。如果过快推进注册制改革，而不是稳妥推进，那么很大可能会对带有泡沫的高估值股票做出修正，这会对市场造成很大的影响。所以要稳妥地推进股票注册制改革，这也是搞试点的原因。

三、防范经济转型中的资产泡沫

经济转型不一定导致股市泡沫，但从历史经验来看，股市的泡沫往往发生在经济转型时期。在经济转型时期，经济增长速度会下降，实体经济的产能过剩，结构不合理，其投资回报也会趋于下降。在这种情况下，国家往往会采取一些宽松的货币政策和财政政策，这就很容易产生资产泡沫。充裕的流动性会冲击各类金融资产，可能是全面的冲击，也可能先冲击某大类资产，之后轮番冲击其他类资产。

从我国股市近30年的发展历史来看，大体上有7次股市泡沫，这7次都是处于货币比较宽松的时期，其中有3次处于经济增长偏快时期，有4次处于经济转型时期。2015年股市泡沫的出现绝不是孤立的，它具有客观必然性。我们可以回顾一下2015年的这次股市危机，它是以2014年7月为拐点的，即牛熊拐点。自2008年从高点跌下来，到2014年7月之前，股市连续7年都处于比较低迷的状态，为什么2014年7月突然就成为转折点？这个很值得研究。

当时有很多的分析和研究都有道理，但都不是决定2014年7月成为牛熊转折点的主要原因。

在2008年国际金融危机后，2009年我国就出台了4万亿刺激计划，为什么2009年到2014年股票不涨呢？4万亿刺激计划以及其他宽松货币政策实施后，银行贷款增加了很多，一直到2014年，实际上整个资金都进入了实体经济，大量资金投入了房地产行业，带动了其他行业和产业的发展，使得中国经济在全球经济中一枝独秀。2010年，政府开始调整为稳健的货币政策，但由于惯性作用，刹不住车，项目铺开了，调整难度很大。因此，影子银行在2011年后快速发展。中央要求银行严格控制贷款，银行为了规避监管政策，就在表外发放贷款。

商业银行将贷款放到表外是有内在动力的。信贷需求是刚性的，地方政府融资平台的很多项目已经铺开，如果中断，就会造成更大的损失。当时的房地产比较火热，房地产和其他行业都在扩大产能，造成产能过剩。但地方政府融资平台由于项目过多、负担过重，难以为继，遂在2013年开始整顿，融资平台借款的需求得以遏制。

在这样的背景下，房地产销售和库存开始下降，产能过剩的问题开始显现，对信贷的需求开始减弱。那么2014年后银行资金到哪里去了呢？大量的资金进入了金融市场，包括股票、债券市场。杠杆的钱从哪里来？主要还是来自商业银行。商业银行作为优先级（一般一个结构化产品70%是优先级的，30%才是次级的），其资金是要保本保息的，当时的利息是8%左右。所以在商业银行看来，资金委托给外部投资机构，或者通过银信、银保、银证合作，其资金是低风险高回报的，这也就催生了资产的泡沫。

所以，2014年出现牛熊拐点的原因是这个杠杆。杠杆来源于居民的储蓄，储蓄转换为银行的理财产品，理财产品又作为优先级的资金，进入了证券、信托、保险等资产管理机构，最后流入二级市场。高杠杆先是酿成了2015年股市的暴涨暴跌，之后，宽松的流动性又冲击了外汇市场、债券市场和商品期货市场。到2017年，房地产又迎来新一轮的上涨。这说明，过于宽松的货币政策，特别是在经济转型期实体经济回报率较低时，很容易冲击资产市场的价格。这个资产市场包括外汇市场、股票市场、债券市场和商品期货市场，有时候是一起冲击，有时候是轮番冲击。

简单回顾这一轮A股牛市的情况。从2014年的7月一直涨到2015年的6月12日，一年多时间，经历了三个阶段。第一个阶段是从2014年7月1日到当年的11月20日，有多种因素；第二个阶段是从2014年的11月开始加速上涨，各类杠杆资金快速入场；第三个阶段是非理性上涨，3个月之内上证综指就涨了54%，创业板涨了93%，这确实是疯狂的，很重要的原因是杠杆资金入市。由此可见，宽松的货币政策和充裕的流动性很容易导致资产价格泡沫。

从国际经验看，境外市场在经济转型时期也常常会发生资产泡沫。这里举两个例子。美国21世纪初的互联网泡沫和2008年的房地产泡沫，都发生在美国经济结构调整的转型时期。还有日本，20世纪80年代到90年代的资产泡沫也发生在经济转型时期，特别是20世纪70年代石油危机重创了日本经济，加上人口老龄化问题严重，日本采用了宽松的货币政策应对危机，催生了当时的资产泡沫。资产泡沫后银行不良贷款有很多，处理这些不良贷款又花了10年时间。

四、处理好政府和市场的关系

在市场失灵时，政府应该出手，这样可以避免给商业银行、信托机构、保险公司、基金公司和证券公司等金融机构带来损失，进而避免造成系统性风险。2015年7月市场开始出现流动性枯竭，千股跌停，千股停盘，最严重的时候一天有1700家公司跌停，没有人买，导致市场没有流动性。公募基金也出现了挤赎苗头，最多的时候公募基金一天被赎回超2000亿元。整个市场陷入恐慌，其他资金跟着慌，盈利盘、恐慌盘和杠杆盘叠加在一起，最终使得股市流动性枯竭。

这种情形下，如果政府不果断采取措施，市场势必崩盘，受损的是商业银行和其他金融机构，进而会拖累整个经济。因此，政府必须果断出手救市，采取一系列政策组合拳。当时各有关部委都采取了相应的措施，取得明显效果，市场运行趋于稳定，市场功能也逐步恢复，没有一家金融机构由于这场危机而发生问题，坚决守住了"不发生系统性金融风险"的底线。

五、完善应急处置机制

第一要完善应急处置的法律规定。未来的金融市场可能还会出现暴涨暴跌的情况，在遇到这种危机时，政府部门应该完善相关的法律法规，对于干预的标准、时间和场合以及权限等还需要进一步的研究。

第二要建立一个常态化的危机应对机制。国务院金融稳定发展委员会（以下简称金融委）下面的人民银行，理应承担防范和处置系统性金融风险的责任。

第三要建立监管信息共享和风险监测预警机制。比如，关于杠杆资金，由于监管分割无法掌握整个社会杠杆资金的来源、特点、流入和流出的渠道，"数据的孤岛"等现象仍然存在。所以加快建设信息共享机制，特别是在这个基础上建立风险预警的模型来预防系统性风险，并进行压力测试，尤为重要。

让市场发挥决定性的作用，对监管者来说，要纠正监管"父爱主义"。要深化对股市功能和规律的认识，深刻理解股市价格的信号。不以涨跌论英雄，管好政府和监管有形的手，做监管应做的事情。长期以来，监管部门存在"重发展，轻监管"的情况。作为证券监管部门，应该回归监管本位，第一位职责是监管，而不是把股市的涨和跌作为考核标准，当然在监管中特别要防范监管的套利。

从监管的定位看，证券监管是"两维护一促进"：维护市场公平、公正、公开，维护投资者特别是中小投资者的合法权益，促进资本市场的健康发展，处理好创新和规范的关系。

从监管本身看，要发挥交易所的一线监管职能，监管任务不能只靠证监会，还要靠协会和交易所，它们都要履行法定的监管职责。另外，对证券机构的监管也要切实加强。

六、推进监管转型要实现"六个转变"

在推进监管的过程中，还要不断地推进监管转型。从事前审批转向事中、事后监管，要实现六个转变。

（1）监管取向从注重融资，向注重投融资和风险管理均衡、更好地保护中小投资者转变。对监管者来讲，股票市场不仅要确保融资功能，还要具备投资功能，特别是监管要转向保护投资者，保护中小投资者的利益。

（2）监管重心从偏重市场规模发展，向强化监管执法、规模结构和质量并重转变。

（3）监管方法从事前审批，向加强事中、事后监管，实施全程监管转变。

（4）监管模式从碎片化、分割式的监管，向共享式、功能型的监管转变。

（5）监管手段从单一性、强制性、封闭性，向多样性、协商性、开放性转变，坚持积极地实施行政监管。

（6）监管运行从透明度不够、稳定性不强，向公正、透明、严谨、高效转变。

2015年股市的异常波动，暴露了"一行三会"监管不协调和各管一段的弊端。这也证明，实现监管的统筹、协调是很重要的。中国应该开展监管绩效评价，来探索建立监管的评价体系和指标。一次危机之后，必然是市场进化之时。发生危机并不可怕，关键在于如何化解危机。从境内外实践经验来看，发生危机后，监管部门都会认真地做总结并且出台一系列改革举措，从而不断地完善整个市场。2015年的股市危机后，我国在金融监管体制上的改革，在促进金融回归服务实体经济的本源上取得了很大的成效。这些改革推进了中国股市的发展，也必将使这个市场发展得越来越好。

点　评

刘纪鹏：肖钢同志是从整个市场的角度总结了经验教训，所讲内容让现场每一位对资本市场有研究的人都能感受到他对资本市场的真挚，感受到他较高的学术水平。当然，也只有肖钢同志这么有经验的人才能有这么深刻的总结。

首先，从他的角度来看，谈到监管者不要以股市上涨作为政绩；其次，谈到媒体事实上已经成了定价标准之一，媒体报道一定要客观、准确和专业，要推进中国股市的健康发展；再次，讲到如何防范经济转型中的资产泡沫；最后讲到监管转型要实现的六个转变。我认为肖钢是位有胸怀和度量，以及有家国情怀的同志。

胡俞越：我们都还有"牛市情结"。老百姓普遍用"股灾"来形容2015年那次股市的异常波动，今天肖钢同志主要讲了2015年股市危机，他的反思和总结非常深刻。当时他在一线主持工作，我和纪鹏教授也在第一时间发表了5位教授的八点救市建议，我们感谢有些救市建议被采纳，也理解有些建议没有被采纳。关于救市，众人评价不一，但我们认为还是要救的。到目前（2019年）为止，中国还没有完全从2015年的那场股市危机中走出来，因为很多制度问题仍没有解决。肖钢同志是有大局观的，他从货币市场和金融市场两个角度，而不是一般情况下地从国际市场和国内市场两个角度，他能够多维度地考察中国股市的问题，认识很深刻。

肖钢同志对当年股市危机的原因总结得很全面。其中提到了场外融资加杠杆，这是我们共同认可的；也提到了做空手段。当时还有人认为是有境外势力操控的，但肖钢同志刚刚没有提到这点，如果愿意回应的话，可以说一下。

肖钢：股市异常波动并不是外资操纵的。至于个别外资公司存在违法违规行为，已依法对其进行了处罚，但整个事件不存在外资操纵。

胡俞越：我认为还是要从制度上解决问题。现在又推出了科创板，而且最高决策层也决定要逐步加大直接融资的比重。但金融体系存在致命的结构性危机，商业银行规模太大，资本市场太小，我们不断地加大直接融资的比重，那股市还能"牛"起来吗？这也是一个问题。

融资与投资是硬币的正反面，圈钱不是股市的目的。对上市公司而言，第一目标是融资，如果失去了融资功能，那么"牛市情结"就会变成"熊市情结"。只有不断地发展我国的资本市场，才能不断地推进整个金融市场体系结构的改革。今天听了肖钢同志的总结，我深深被他这样的直面问题、敢于担当的精神所感动。

姚振山：其实不是"牛市情结"，是"肖钢情结"。为什么这么讲呢？我经历过几件事。第一件事发生在当年救市时，那时所有与经济相关的部委每天下午4点开会讨论救市，我参加过几次。第二件事发生在2015年7月4日，我提出关于大股东增持的倡议。其中有一个创业板的首批企业——"328俱乐部"，当时我是客串的秘书长，它们都是资本市场的获益者，资本市场是使它们获益的土壤。由于比较信任我，创业板的首批企业的董事长在那一轮没有减持股票。第三件事发生在2016年1月14日，深交所建议我再写一篇倡议书，之后他们将倡议发到了报纸上，下午创业板就暴涨了。

听完肖钢同志的总结，我有三点感受：

（1）历届证监会主席里，肖钢是唯一一位，也是第一位敢于在离任之后公开反思的同志；

（2）肖钢同志把批评和自我批评结合得很好，他在践行党员和党的优良作风，实际上是在批评政府监管相关的政策，也是在自我反省；

（3）现代官员应该具备自省和自嘲的心态。

我还有四点体会：

（1）证监会是监管部门，需要创造环境，而不是牛熊市的制造者；

（2）肖钢同志对经济转型和股市泡沫之间的关系的解读，对商学院的研究生来说，可以作为大的研究课题；

（3）监管转变过程中，信息的碎片化如何转变为系统化，以及以事前审批为主如何转变为全程监管；

（4）合理的解释并不一定是真正的原因，这也许就是股市的魅力，我们看到各种关于股市的评论和解读，但它不一定是真正决定市场趋势和涨跌的核心因素。

最后提一个小问题：如果时光倒流回2013年，你会怎样当证监会主席？

肖钢：如果时光倒流，我还是认为监管者应该归位，做监管应该做的事情。

贾立军：肖钢同志就中国2015年的股市危机所做的评判是非常精辟的。中国改革开放40多年来，制造业走在前面，服务业现在整体也跟上了。但在金融行业，政府应采取怎样的"监"与"管"呢？

中国有自己的经济和政治体系，以及一些文化色彩。肖钢同志所讲的内容实际上也是老百姓的一些思维表达和行为反应。改革开放要不断地深化，老百姓也需要知道市场下一步该怎么走。

霍学文：世界一定要从金融危机中学到教训，世界的监管也可以从危机中受益。因此肖钢同志对2015年股市危机的反思，对金融监管极有益处。

向松祚：今天肖钢同志的演讲，给我的感受是真诚、深刻和恳切的。我能感受到他真切地关心着中国资本市场的健康发展。2015年的股市危机到现在已经过去整整4年了，肖钢同志，你认为当时积累的股市风险，到今天为止，有哪些还没有释放？有哪些还没有解决？

肖钢：杠杆的风险不容小觑，仍存在问题。杠杆不仅表现为借钱炒股，还包括股票质押。

刘纪鹏：除了杠杆问题，还有制度因素。目前的市场仍不是投资市场，大多数人赚不了钱，分配问题必须解决。

互动提问

问：2016年年初的熔断机制与2015年的股市危机有因果关系吗？

肖钢：2015年8月11日之后股市开始下跌，当时采取救市措施后，股市稳定了一段时间。但到2015年四季度，乃至2016年年初，人民币汇率贬值的势头没有遏制住，这意味着人民币资产价格重估，从而导致股票大跌。熔断机制的方案设计和出台时机都存在问题。出台的熔断机制并不是导致股市下跌的主要原因，只是出台时期不恰当起到了助跌的作用。

问：资本市场的矛盾错综复杂，利益的纠葛比较突出。监管的越位与缺位，应该是横亘在资本市场上的一个重大问题。从目前来看，您怎么理解监管的越位与缺位呢？

肖钢：目前监管存在的问题，既有越位问题，也有缺位问题；既有重复监管，也有监管空白。但总体而言，越位问题相对较多。未来的监管还是要实现监管的转型，来探索建立一套适应现代经济发展的监管体系。

问：我们律师事务所是专门代理证券公司业务的。证监会这两年一直在搞强监管，证券市场的监管力度越来越大，处罚的金额也不断提高。但是有一点令我很困惑，这两年监管越来越严，暴露出市场上存在的问题也越来越多，我们的业务也随之增多。您怎么看这个问题？

肖钢：党的十八大以来，反腐败的力度在党的历史上是最大的。腐败案件越来越多，这正说明反腐败工作有成效。同样，监管处罚的案例越来越多，这正是加强监管的具体体现，而不能理解为案件是严监管带来的。这些处罚的案件不少是历史形成的，如欺诈发行，很可能IPO之前就开始欺诈了。

问：您今天对2015年股市危机的认识和反思，我相信大多数人是非常赞同和支持的。您认为是不是所处的位置决定思维？您认为当年股市上涨的原因是杠杆驱动的，再回到2015年，如果过去杠杆的速度放慢点，股市是否会好一点？

肖钢：监管应该做自己应该做的事情。实际上这个杠杆问题在 2014 年年底就出现了，并不是说监管部门没有察觉，那时证监会已经组织对证券公司的融资融券业务进行检查，我们也处罚了一些公司。现在来看，当时的做法是正确的，只是存在"牛市情结"，采取时紧时松的措施，没有狠下决心，没有一以贯之。2015 年一季度和二季度，杠杆加速进入市场，那个时候再采取措施为时已晚。2015 年 6 月证监会发"去杠杆"的通知，是压死骆驼的最后一根稻草，并不是因为那个通知导致股灾发生。反之，如果我们不发那个通知，七八月份的股市还可能再冲上去，那时再跌下来损失会更惨，付出的代价会更大。

纪鹏荐语

1

近年来，从中央到金融监管部门对资本市场的认识都提到了前所未有的高度。资本市场的发展，无论是在化解诸多金融矛盾为实体企业筹集资金方面，还是在提振国人对中国梦的信心方面，都发挥着无可替代的作用。

2008 年以来，美国之所以能走出严重的金融危机，正在于股市牛承担了"脊梁"的作用。而时任美国总统特朗普，在其任期内更是把股市发展视为制定金融政策时首要考虑的因素。

然而，中国股市发展的残酷现实却是多年低迷、"牛短熊长"，投资人普遍感到失望。究其原因，是国内因素还是国际因素？是制度因素还是技术因素？是资金因素还是周期和预期因素？对此我们目前还缺少系统总结。

第一篇
终结"牛市情结"——从2015年股市危机中学到了什么？

2015年，中国股市出现了一波快速上涨随后又暴跌的行情，这轮波动应给我们带来什么启示？有人认为那次股市危机是熔断机制等技术因素所致，事实真是这样吗？我认为导致中国股市近30年发展不理想的主因还是制度因素。在对资本市场发展的重要性取得共识的基础上，推出真正有效的制度变革政策，迎接中国股市的慢牛行情，让股市在中国梦的进程中真正发挥出应有的作用，是当务之急。

2019年9月18日晚6点30分，"蓟门法治金融论坛"邀请的是全国政协委员——中国证监会原主席肖钢同志，以《终结"牛市情结"——从2015年股市危机中学到了什么？》为题，与大家探索中国股市发展中的问题。

我与肖钢同志相识于2013年，他就任中国证监会第七任主席伊始，面对中国股市诸多问题，广泛征求业内专业人士和经济学家的意见。我曾三次参加他组织的经济学家座谈，至今还保留着他与参加座谈的经济学家的合影。他善于倾听市场人士和专家学者意见的工作作风，给人们留下了深刻的印象。

听闻这次讲座，曹凤岐、吴晓求、贺强等经济学家纷纷发来短信，追忆与肖钢的情谊并预祝讲座成功；胡俞越、姚振山等专家学者也将到现场参与点评。本次蓟门论坛，肖钢同志和与会专家学者怀着对资本市场的深厚感情，总结了股市发展中的经验教训，砥砺前行，袒露心声，给与会者带来了重要启迪。

第二篇
基础科学研究如何激发人类的四次工业革命

> 蓟门法治金融论坛第 77 讲
> 主讲：向松祚　中国人民大学国际货币研究所原副所长、
> 中国政法大学商学院理事
> 时间：2019 年 10 月 9 日
> 地点：中国政法大学蓟门桥校区
> 互动提问

致　辞

刘纪鹏：今天是蓟门法治金融论坛第 77 讲，演讲的主题是《基础科学研究如何激发人类的四次工业革命》。这个话题看似理论色彩比较浓重，但实际上不仅跟我们今天面临的中美贸易争端、香港地区形势、华为面临的挑战和机遇有关，而且和习近平新时代中国特色社会主义思想密切相关。

当今的新时代面临着高科技和市场经济的挑战，我们不仅需要以高科技占领世界的高端产业链，还要意识到市场经济需要在价值链上获得收益。中国梦要实现，中国要崛起，不仅要靠以科技为代表的高端产业链，而且离不开以资本市场为主的高端价值链。没有资本市场，如同现代战争中没有制空权。而没有制空权，没有定价权，就不可能在现代大国的博弈中胜出。同时，资本市场本质上是提供服务的，获得资本市场制空权的最终目的是掩护强大的"陆军"，即制造业。

资本决定制度，制度决定技术，科技是第一生产力，但资本是科技之母。国家对资本的重视也在习近平新时代中国特色社会主义思想中充分体现出来，要求坚强党的领导，坚持市场经济，加强国有资本，实现党和资本的有机结合。

当然，在经济全球化的进程中，各国都意识到了高科技是未来发展的重要的尖端武器。发达国家会想方设法抑制中国高科技的发展。中美贸易争端之后，任正非首先提到了基础科学和高科技这个话题，但是理论应该如何与实际相呼应，让大家重视基础科学，我相信向松祚教授今天一定能给予我们解答。

第二篇
基础科学研究如何激发人类的四次工业革命

2019年5月15日美国宣布制裁华为以后,一向不太爱接受媒体采访的任正非先生陆续接受了全世界知名媒体的访问,特别是在5月21日,与中国的主流媒体进行了圆桌访谈。在长达两万多字的访谈里,原以为他会谈华为如何应对美国,华为当前遇到的困境如何突破之类的问题,但实际上40%的篇幅是谈教育,谈基础科学的重要性。这也正是我今天要讲的问题的来源。

好几年前我向任正非先生请教,我问他:在通信设备领域做到了老大,面向未来你的竞争对手是谁?他说华为的竞争对手在未来主要是3家企业:英特尔、亚马逊、谷歌。华为现在是世界上最大的人工智能企业之一,亚马逊、谷歌和英特尔代表了人工智能的三个主要方向。他说我们要踏踏实实地在数学、物理、化学、神经学,以及脑科学各个方面改变,才可以在这个世界上站起来,以中国为中心建立理论基地,突破美国的重围。

任正非的远见卓识昭示了人类创新历史上的一个基本规律,那就是划时代的科技和产业创新必定源自划时代的思想和科学创新,唯有创新的思想和科学才能激发创新的技术、产品和服务。思想和科学创新的重要性高于一切,正如法国伟大的科幻作家儒勒·凡尔纳所说:"但凡人所能想象之事者,必定有人能将其实现。"

回顾过去几百年的历史，大家可以看到，人类的经济增长不是一个老旧的现象，而是全新的现象。历史学家、经济学家做过大量的研究，认为18世纪以前人类没有经济增长，经济增长是从工业革命开始的，到现在只有200多年的时间。在过去200多年里，凡是引领工业革命的国家，乃至紧紧跟随工业革命脚步的国家都成了富国、强国，进入了现代化，这证明了工业革命和经济增长之间有着极大的关联性。

那么工业革命到底是怎么发生的？为什么第一次工业革命只发生在英国，后来发生在美国、德国？为什么日本和欧洲许多国家能迅速跟上工业革命的步伐，而其他国家就没有呢？

今天我将对以上问题做出解答，并从五个方面跟大家谈一谈基础科学研究的重要性以及基础科学研究和工业革命之间的关系。

一、人类迄今发生的四次工业革命

1760年到1840年发生了第一次工业革命，领导国家是英国，跟进的国家是美国、法国和德国。主要发明是蒸汽机、复杂的工程系统、公司组织等，主要的产业包括大规模的机器制造、纺织业、采矿业、轮船运输业等。正当西方工业革命蓬勃发展的时候，中国因尚处于封建专制王朝，闭关锁国，错过了第一次工业革命。

第二次工业革命是1840年到1950年，领导国家是美国和德国，跟进的国家是英国、法国、荷兰等。主要发明是电力、电报、电话、汽车、飞机、化工等，主要的产业包括电力、电报、电话、电器、石油等。而当时半殖民地半封建社会的中国面临内忧外患，并没有跟上西方国家经济发展的步伐。但改革开放40年来，中国终于补上了工业革命这一课，今天中国这些产品的产量均位于世界前列。

第三次工业革命发生于20世纪50年代（通常认为第三次工业革命发生在1946年，第一台电子计算机在美国宾夕法尼亚大学被制造出来），领导国家是美国，跟进的国家是以色列、德国、日本等。主要发明是计算机、移动通信、互联网，还有金融领域的风险投资等，主要的产业包括计算机、移动通信、互联网等。

2010年前后人类开始步入第四次工业革命，即人工智能革命。领导国家仍然是美国，跟进的国家和地区有中国、以色列、日本、韩国、欧洲等，主要的发明是机器人、人工智能和5G。当前5G大热，前不久美国国防部也发布了关于5G和人工智能的报告，介绍了人工智能的一线、二线、三线国家，但业界对人工智能的概念仍存在争议。华为的任正非先生曾经有一个非常准确的概括，他说人工智能即"三超"。第一个是超级链接，就是万物互联；第二个是超级存储；第三个是超级计算。他认为5G只是解决了第一"超"，仅是第一个阶段。我理解的人工智能是全面的技术的综合，不是单项技术，5G只是人工智能的一个组成部分。

二、为什么英国和美国可以成为工业革命的领导者？

在回答这个问题之前，我想先讲一个哲学问题。为什么经济增长到18世纪才出现工业革命？我认为这背后有科学思想和人类进化的逻辑。工业革命是必然的还是偶然的？以我现在粗浅的研究，我认为是必然的。

美国著名计算机科学家库兹韦尔在其著作《奇点临近》中指出，宇宙大爆炸以来有六大纪元。第一纪元是物理与化学纪元；第二纪元是生物与DNA纪元；第三纪元是大脑纪元；第四纪元是技术纪元；第五纪元是人类智能与人类技术的综合，即智能纪元；第六纪元是宇宙觉醒，即生命将遍布整个宇宙或征服整个宇宙。这六大纪元都有确定的方向，宇宙进化需要不断地突破阻碍，持续超越极限。

人类历史是一部创造和创新的历史，是人类生命不断创造和进化，不断彰显和提升的历史。人类进化的方向有两个：一个是生物学意义上的进化，进化的过程是非常缓慢的，比如，现在人脑的重量和考古学家发现的十几万年以前的人脑重量是相差无几的；第二个是文化创新和创造意义上的进化，呈现加速度的增长趋势。理解工业革命、理解创新、理解创造、理解基础科学，要从人的无限创造力这个大的框架出发。人类的一切制度、一切组织的最终的方向，是怎样弘扬人无限的创造性，弘扬人的自由，而不是扼杀人的自由和创造性。

（一）为什么第一次工业革命发生在英国？

历史不一定是必然的，但是事情发生以后我们回过头去总结，往往会发现它似乎也并不是偶然的。产业革命的发生是极为复杂的现象，单一因素不可能完全解释，这里我讲几个主要的因素。

第一，现代教育和实验科学首先在英国兴起。1096年英国就创办了牛津大学，有72位诺贝尔奖、3位菲尔兹奖、6位图灵奖获得者毕业于牛津大学。1209年英国创办了剑桥大学，有120位诺贝尔奖、11位菲尔兹奖、7位图灵奖的获得者毕业于剑桥大学。划时代的物理学家牛顿、开尔文，生物学家达尔文，经济学家马尔萨斯，数学家哈代，文哲大师弥尔顿等都是英国人。人类认识外部世界和认识自身的三次革命都发生在剑桥大学：第一次是基于现代科学的鼻祖牛顿的运动方程；第二次是达尔文提出进化论；第三次是詹姆斯·沃森和弗朗西斯·克里克发现双螺旋结构。1623年英国就颁布了《垄断法》，鼓励发明专利，保障发明专利的权益。1660年英国就成立了皇家学会，全称是伦敦皇家自然知识促进学会，这是人类最早的科学院，历任会长都是大科学家，包括牛顿、汤姆逊等。

第二，英国的工业革命很早就开始酝酿，不是突然发生的，产权为工业革命的到来提供了必要条件。1688年英国光荣革命爆发，第一次实现了人类历史上真正的君主立宪制。君主立宪制把国王置于法律的约束之下，任何人都必须遵守法律，议会成为国家治理体系中最重要的组织，议会权力高于王权。之后的金融革命进一步形成了包括国债市场、金融银行、股票市场在内的多层次的金融体系，工业革命发生的一切条件都已逐渐具备。

《鲁滨孙漂流记》的作者达尼尔·笛福曾把光荣革命之后的英国称为杰出时代,在我看来这并无任何不妥之处,因为英国工业革命的意义无论怎样高估都不为过。为什么这么讲?17世纪以前,法国是欧洲最强大的国家,整个18世纪也只有法国和英国两个国家争霸天下。从人口方面看,光荣革命时英国只有480万人,而法国当时的人口已接近2000万;从国土面积看,法国也比英国大很多;当时英国政府一年的财政收入只有200万英镑,而法国是1200万英镑,是英国的6倍。但经过几次战争,人口、国土面积、财政资金都处于绝对劣势的英国却把占据绝对优势的法国彻底打败,夺取了世界霸权,建立了大英帝国。大英帝国在巅峰时期,统治的国土是如今国土面积的46倍,是真正的日不落帝国。工业革命后,英国通过船坚炮利在世界上称霸。2000个英国士兵占领了整个印度次大陆。鸦片战争中英国派到中国的军队不到4000人。以少胜多的例子数不胜数,而这一切大部分归功于工业革命带来的技术进步和生产发展,所以,工业革命的历史意义不可低估。

(二) 第二、三、四次工业革命的主要领导国家为什么都是美国?

美国是一个年轻的国家,建国时间很短。1789年华盛顿就任美国第一任总统时,美国的人口只有800万,其中印第安人120万,黑奴占1/3~1/4;国土面积只包括东部十三个州。而100多年后的1890年,美国却崛起为世界第一经济大国、第一经济强国,赢得了两次世界大战,并在"冷战"中获胜,成为世界上唯一的超级霸主。我把美国的崛起概括为8个字:制度、教育、科技、金融。制度是根本,教育是基础,科技是先导,金融是工具。

为什么制度是根本?格林斯潘的回忆录中说,美国最大的竞争力是制度,而不是美元、科技,也不是经济。美国于1787年在费城制定了宪法,奠定了美国民主共和制度的基础。

当判断一个国家是否衰落时，不能只看基础设施和GDP，还要看它的大学是否充满活力。有这样一种说法，到一个国家、一个城市首先要看三样东西——大学、博物馆、教堂。大学体现一个国家和民族的创造力，博物馆体现一个国家和民族的历史厚重程度和丰富程度，教堂体现一个国家的文化和宗教的多元性。

美国确实十分重视教育，建国之前就已经有17所学校，后来这些学校都成为世界著名的大学，包括哈佛大学、普林斯顿大学、哥伦比亚大学、威廉玛丽学院，等等。美国于19世纪创办的大学包括：1861年创办的以顶尖的工程学和计算机科学著称的麻省理工学院，有97位诺贝尔奖、8位菲尔兹奖、26位图灵奖获得者；1891年创办的加州理工学院；1885年成立的斯坦福大学。二战以后美国获得了诺贝尔奖的70%，菲尔兹奖的60%，基本垄断了图灵奖。

此外，美国的企业还创建了一流的内部研究机构，可以和优秀的研究大学媲美，如贝尔实验室。当时它并不是国家实验室，但它的研究发明荣获了多个诺贝尔奖，其中主要的发明之一是晶体管。如果没有晶体管，就没有集成电路，就没有计算机。技术科学的突破必然刺激和开启基础工程创新，第二次世界大战已经向我们清楚地表明，基础科学包括原子核、激光、计算机、雷达等，对国家安全有本质意义上的重要性。

美国崛起的另一个重要因素是国家创新体系。二战后美国创新体系的核心和灵魂是无法规划的基础科学研究。二战后美国迅速建立了创新体系和体制机制，以美国国防部高级研究计划所为核心，形成了一个集军事、产业、学术的"铁三角"，构建"铁三角"组织的核心人物是美国科学和历史上的传奇人物——布什。麻省理工学院的院长曾说，没有人比布什对美国科学和基础进步有更重大的影响。

二战以后罗斯福总统就要求万尼瓦尔·布什准备一份报告，题目是《科学：无尽的前沿》(*Science, Endless Frontier*)。这份报告是美国二战以后创新体系的纲领性的文件，核心就是基础科学研究。报告里面有这样一段话："一切新产品和新工业都不是突如其来、自我发育和自我生长起来的，它们源自新的科学原理和科学概念，新的科学原理和科学概念则必须来自最纯粹的科学领域持续不懈的艰难探索。如果一个国家最基础的前沿科学知识依赖他人，那么其产业进步必然异常缓慢，其产业和世界贸易竞争力必然极其孱弱。"这段话对任何国家，尤其是对于致力于创新驱动发展，致力于创建国家创新体制和机制的中国，极具现实意义。

布什的报告最后以诗一般的语言和高亢的激情赞美了基础科学研究必然带来实用基础领域的巨大回报，基础科学研究的巨大进步一旦被付诸实践，就必然意味着更多的就业机会，更高的工资，更短的工作时间，更丰富的农产品，人们将有更多的闲暇时光来娱乐自己，从事学习和研究，人们将摆脱以往那令人窒息的枯燥、单调的生活方式，以完全崭新的姿态和思维方式学习如何规划和享受新的生活。布什的报告吹响了美国迈向伟大科技进步和美好生活的时代号角。

三、基础科学尤其是数学对工业革命为什么具有特殊重要性？

对于人类文明进步而言，没有哪一门学科具有像数学那样高的重要性，数学无处不在，无所不能。现在5G被炒得很"热"，华为5G方面的专利在全世界占27%，高居榜首。5G标准源于10多年前的土耳其阿里坎教授的一篇论文，其中有这样一句话，大概意思是说，终端一下如鱼得水，每三个月换一代，主要是数学家的贡献。爱因斯坦说："数学是独立于人类经验存在的人类思维产物，怎么会如此完美地与物理现实中的物质相一致？"英国物理学家琼斯说："宇宙似乎是由一位理论物理学家设计的，数学是描述和解释整个宇宙最有效的工具。"

伟大的物理学家杨振宁在其《美与物理学》中描述了数学和物理学美妙绝伦的关系。他说牛顿的运动方程、麦克斯韦方程、爱因斯坦狭义和广义的相对论方程、狄拉克方程、海森堡方程和其他五六个方程，是物理学理论构架的骨干，它们提炼了几个世纪的实验工作与唯象理论精髓，达到了科学研究的最高境界。它们以极度浓缩的数学语言写出了物理世界的基本结构，可以说它们是造物者的诗篇。

而且这些方程和诗还有一个共同点，它们的内涵往往随着物理学的发展而产生新的、当初完全没有想到的意义。例如，19世纪的麦克斯韦方程，通过爱因斯坦的工作显出对称性，发展出20世纪物理学的一个重要的中心思想。另外一个例子是狄拉克方程，它最初完全没有被数学家所注意，而今天狄拉克流形已经成为数学家研究的一个热门课题。

学物理的人了解了这些像诗一样的方程的意义以后，对它们的美的感受是既直接又十分复杂的，它们的极度浓缩性和包罗万象的特点也许可以用布莱克的不朽名句来描述："一沙一世界，一花一天堂。无限掌中置，刹那成永恒。"还可以用波普的名句来描述："自然和自然界的规律，隐藏在黑暗当中，上帝说让牛顿去吧，于是一切成为光明。"可是这些还不够，还不能全面地道出学物理的人面对这些方程的美的感受。缺少的似乎是一种庄严感，一种神圣感，一种初窥宇宙奥秘的畏惧感。我想，缺少的恐怕正是筹建哥特式教堂的建筑师们所要歌颂的崇高美、灵魂美、宗教美，终极之美。

引用《美与物理学》是希望大家知道数学作为科学中的科学，或者说，它作为科学中浓缩的语言，与物理学为什么有这么紧密的关系。数学对工业革命具有特殊重要性，牛顿运动方程是第一次工业革命的理论基础和创新源头；麦克斯韦方程是第二次工业革命的理论基础；爱因斯坦的狭义相对论是核能革命的理论基础；狄拉克和海森堡方程是第三次工业革命的理论基础；而爱因斯坦的广义相对论或许会推动人类走向真正的星际旅行和太空时代。

其中最为经典的是狄拉克的电子运动方程。杨振宁说，它是无中生有、石破天惊、惊天动地的成就，是划时代的里程碑。他认为狄拉克的文章是"秋水文章不染尘"，没有任何的渣滓，直达深处，直达宇宙的奥秘，没有这个方程就没有今天的原子、分子的概念，物理学和化学的学科，就没有今天包括核磁共振在内的各种各样的先进技术。

更了不起的是麦克斯韦。爱因斯坦的力学是用微积分表述出来的，而麦克斯韦石破天惊地利用一组方程式，将以往数十年的电磁规律整合起来，开创了物理学的新世界，开创了人类文明的新天地。麦克斯韦用这个方程准确地推算出了光速，每秒近 30 万公里。没有这组方程就不可能有特斯拉的发明，也不可能有后来的很多东西。这就是数学的伟大和神奇之处。

整个物理学与数学之间有着令人难以置信的对应，牛顿力学对应的是微积分，麦克斯韦对应的是微分方程，狭义相对论对应的是四维时空，广义相对论对应的是黎曼几何，量子力学对应的是希尔伯特空间，规范场论对应的是纤维丛理论，弦论对应的是纽结理论，黑洞与宇宙起源对应的是拉马努金的神奇公式。拉马努金没有上过大学，只是一名小公务员，他的一个朋友把他写的公式寄给了剑桥大学著名的教授哈代。哈代看到后大为惊喜，立刻请拉马努金去剑桥大学。拉马努金在剑桥大学 5 年写出 3900 多个数学公式。哈代评价历史上的数学家时，给自己打 20 分，给他的合作者打 25 分，给德国伟大的数学家希尔伯特打 80 分，打 100 分的是拉马努金和高斯。

信息科技时代的基础理论（相似原理）也来自一篇数学论文，是香农提交给麻省理工学院的硕士论文《通信的数学理论》(*A Mathematical Theory of Communication*)，被誉为有史以来最重要的硕士论文之一。香农的信息理论实际上是他在贝尔实验室工作期间创造出来的，而 5G 理论也是从这个理论推导出来的。

信息技术的发展离不开一批伟大的科学家：第一个是莱布尼茨，二进制最早是他提出来的；第二个是计算机硬件之父——巴贝奇；第三个是爱达，著名诗人拜伦之女；第四个是乔治·布尔。人工智能起源于麦卡锡和明斯基提出的"人工智能"的基本思想。这两个人既是数学博士、计算机科学家、认知科学家，又是哲学家，麦卡锡曾在2003年获得哲学领域最高奖——富兰克林学院奖章，两个人也都得过计算机领域的最高奖——图灵奖。这些人都不是某个专项的教授，而是全才，是大思想家、大数学家、大哲学家。莱布尼茨就是最典型的通才，伟大的经济学者熊彼特对莱布尼茨崇拜得五体投地，他认为莱布尼茨是人类历史上绝无仅有的全能型人才，莱布尼茨什么都懂，哲学、数学、天文学、语言学、神学，凡是存在的他都懂。

我们需要思考的是，中国如何才能出现牛顿、麦克斯韦、爱因斯坦、狄拉克、冯·诺依曼这种级别的人物。我们要反思中国的教育，探寻如何让这些怪才、奇才、鬼才，特别是通才冒出来，只有这样，才能真正实现中华民族的伟大复兴，中国在世界上才能真正得到尊重。

四、犹太民族在原创思想和科学方面的贡献为何一枝独秀？

犹太民族充满神秘感，取得了令人震撼或令人瞠目结舌的成就。前面提到的这些科学家中有很多是犹太人，如麦卡锡和明斯基。你如果发现一个人什么都懂，或者在某个领域里取得的成就令人难以置信，大体上就可以猜测这个人是犹太人。

在科学和思想领域登峰的犹太人，第一个是上帝之子——耶稣。《圣经旧约》讲了犹太民族，讲了一个国家的故事，《圣经》讲了一个人的故事。这个国家是指以色列，这个人就是指耶稣。

在数学和物理学领域，被誉为与阿基米德、牛顿齐名的三位最伟大的数学家之一——高斯——是犹太人，爱因斯坦是犹太人，计算机之父、博弈论之父、20世纪最伟大的数学家之一和最全能的科学奇才——冯·诺依曼也是犹太人。而且据统计，27%的诺贝尔奖获得者是犹太人，70%的物理学奖、生命医学奖获得者是犹太人。

金融和商业领域的犹太人中最著名的是罗斯柴尔德，他所在的罗斯柴尔德家族是整个19世纪最煊赫的金融帝国。20世纪，与罗斯柴尔德家族并驾齐驱的犹太金融家族沃伯格家族产生过多位世界级的银行家、哲学家、艺术家、政治家和慈善家，其家族成员还曾经出任德皇和历任美国总统的经济顾问。二战之后快速崛起成为美国乃至全球最具实力的投资银行的高盛集团也是犹太人创立的，高盛曾长期主导全球投资银行市场，可谓呼风唤雨、不可一世。还有优秀的投资者索罗斯，也是犹太人。

经济学领域的巅峰人物也有许多是犹太人，如李嘉图、马克思、弗里德曼等。美联储的主要缔造者保罗·沃伯格也是犹太人，历任主席中令人仰视的都是犹太人。

政治和外交领域赫赫有名的犹太人也有很多，包括三届内阁财政大臣、两度出任英国首相的本杰明·迪斯雷利，俄国十月革命的主要领导人托洛茨基，美国著名外交家、前国务卿基辛格等。

再列举几个当今的例子。谷歌的创始人拉里·佩奇和谢尔盖·布林，脸书的创始人马克·扎克伯格，世界上最大数据库软件公司甲骨文的老板拉里·埃里森，以及英特尔公司的创始人之一安迪·格鲁夫，他们都是犹太人。

犹太人为什么会获得这么巨大的成就，值得深思。

首先，我认为这与犹太民族的文化基因有很大关系，他们高度重视教育和科学。爱因斯坦的一篇文章中这样描述犹太人：他们生命观的本质我认为在于对天地间万物的生命的肯定态度，个人的生命只有当它用来使一切有生命的东西都生活得更高尚、更优美时才有意义。犹太教的传统还包含别的东西，《诗篇》中有许多优美的描述："那就是对这个世界的美丽、庄严感到一种兴高采烈的喜悦和神奇，这种喜悦是真正的科学研究从中汲取精神食粮一般的感情。"

犹太人的理想是什么？为知识而追求知识，几乎狂热地酷爱正义，以及要求个人独立，这些都是犹太人的传统特征。而我们今天的教育还是应试型的，有些人写硕士、博士论文是有功利目的的。爱因斯坦为什么能成为物理学界伟大的人物？他又是如何提出狭义相对论和广义相对论的？爱因斯坦12岁的时候就通读了康德的《纯粹理性批判》，它讲的是基础问题：什么是知识、什么是真理。我们回答不出这个问题，而这本书给出了答案，这就是为知识而追求知识产生的伟大著作。爱因斯坦受康德的影响极大，从纯粹的意义上去思考自然和宇宙。

犹太人还有什么特征？反叛和叛逆。霍夫曼和杜卡斯合著的爱因斯坦的传记叫《阿尔伯特·爱因斯坦：创造者和反叛者》。在座的各位有"反叛者"吗？怀疑一切，反叛一切，质疑一切才可能有创造，否则不可能有创造。如果你认为别人讲的都对，老师讲的都对，领导讲的都对，那么你还创造什么？这也是我们今天真正值得反思的问题。

提及犹太人就不得不讲以色列这个国家。以色列1948年建国，比中华人民共和国成立早一年，以色列的发展历史推翻了所有经济学的理论。经济学的基本原理是比较优势理论、资源禀赋论等，而这些理论在以色列的经济发展中毫无解释力。以色列没有任何资源，国土面积的4/5是沙漠，周边的国际局势十分紧张，不说十面埋伏，也是六面埋伏。2014年，俄罗斯因克里米亚问题，和土耳其发生矛盾，两国关系恶化。土耳其宣称要减少对俄罗斯农产品的出口，俄罗斯的农业部部长对此回应说："没关系，如果土耳其减少对俄罗斯的农产品出口，我们可以从以色列进口。"这是巨大的讽刺，俄罗斯人口庞大，而以色列的国土大片是沙漠，从以色列进口农产品简直是无稽之谈。

以色列的前总统佩雷斯曾说，以色列是自然资源很匮乏的国家，以色列人民用知识和智慧弥补自然资源之不足，今天我们早已经不再为资源的匮乏而担心，因为创新和企业家精神已经成为以色列最宝贵和最丰富的资源。每时每刻我们都在渴望改变，任何从美国引进到以色列的先进军事科技，5分钟之内就被改进了。整个以色列社会充满着锐意进取、迎接挑战、追求发明和创造的良好氛围。综观整个历史，犹太民族最伟大的贡献就是"Dissatisfaction"（不满足），这对科学研究是福音。企业家精神和创新的首要动力就是对现状不满，对未知世界满怀好奇心和求知的渴望，这样才能对改变世界充满激情和勇气。我曾在2015年去拜访佩雷斯，那时他已90多岁，但仍谈笑风生。他说："我们感谢上帝没有给我们石油，如果上帝给了我们石油，我们可能就没有现在这样的创造力了。"

如果在座的各位想研究创新、研究创造、研究教育，那么我建议你们一定要去以色列。以色列北部有一个城市叫海法，有近30万人口，尽管我去了好几次，但至今仍然很困惑，难以想象，这样一个离黎巴嫩很近、很不安全的小城市竟是一个高科技园区，世界著名的高科技公司英特尔、微软，包括中国的华为都在这里设立了最大的研发机构。为什么这些国际知名的科技公司会选择这样一个拥有30万人口又不安全的城市？他们给出的答案是，有一座学校被称为中东的"麻省理工学院"，在此落户就是要吸引和利用这个学校的优秀毕业生生源。

在当今的信息科技时代，移动互联网之所以成为可能，是因为芯片的进步，而芯片在1995年、1996年的时候就遇到了瓶颈，继续压缩体积解决不了散热问题。如此细小的芯片怎么散热？是以色列人做出了伟大的突破，解决了这一难题。英特尔公司的首席执行官曾说，英特尔看起来是美国公司，但是从贡献上来讲，英特尔其实是以色列公司；微软首席执行官说，微软既是美国公司也是以色列公司，因为很多创新都是在那里实现的。

犹太民族在复国之前就建了多所大学。1918年7月24日，威兹曼在犹太民族定居点创办了希伯来大学，今天希伯来大学已经是世界上最著名的大学之一，培养出了许多科学家和学者，也是全球研究中心。创建之初，希伯来大学的校董会汇聚了犹太民族最伟大的科学家，包括爱因斯坦、弗洛伊德、威兹曼、马丁巴伯等。以色列有 8 所综合大学，27 所学院，其中有 4 所大学跻身全球顶尖大学之列。除了希伯来大学外，还有奠基于 1912 年的以色列理工学院，创办于 20 世纪 30 年代的威兹曼科学院，以及 1956 年创办的以色列规模最大的国立综合性大学——特拉维夫大学。难以想象一个仅有 800 多万人口的中东小国竟然有如此高水平的大学和研究机构，也不得不承认以色列对教育的重视，这是值得我们深思和学习的。

以色列人说你们中国也重视教育，我们确实也重视教育，但是有一点不同。什么不同？以色列的小孩放学回家后妈妈和爸爸一定会问他：今天有没有问问题难倒你的老师？或者是，你今天有没有问出一个有趣的问题？而中国的家长问的都是：今天考得怎么样？是满分还是 98 分？可能就是这一点细微的差别，最后演变出本质性的差别，我们都是被动地从老师那里接受知识，被动地学习，缺乏批判思维，缺乏颠覆思维，缺乏反叛精神。

五、如何激发中华民族的创造力和创新力？

犹太民族的人口在全人类只占 2‰左右，而我们中华民族占全人类的 1/5 还多，我们对人类文明的贡献和他们比起来相形见绌，我们应该做的还有很多。

许多在国外进修深造的学者选择回国，希望能够将所学知识教授给中国的学生，培养未来的人才。希望再过 100 年后，中国人能够将自己的理论写进教科书，希望未来物理学的教科书、化学的教科书、数学的教科书上会有很多中国人的名字。

怎么激发中华民族的创造力、创新力？这里我再次引用任正非先生的讲话，我觉得他作为一个伟大的企业家，讲的话意义颇深。他说中国将来要想和美国竞赛，唯有提高教育，别无他路。我们必须正视我们和美国在科技上的差距还很大，美国在科技方面的深度和广度都是值得我们学习的。中国科技与美国的巨大差距与我们经济泡沫化和不能踏踏实实做学问直接相关。一方面，P2P、互联网、金融、房地产等都出现了泡沫；另一方面，人们的学术思想也逐渐泡沫化，一个基础理论的形成需要几十年的时间，如果大家都不认真做理论，都只是喊口号，那么几十年以后，我们不会变得更加强大，更没有可能超越美国，所以我们还是要踏踏实实做学问。

那么今天我国的基础科学水平到底是一个什么样的水平？这个问题值得我们搞教育的人深思。最近国家自然科学基金的专家杨伟教授在一次讲话中谈到，他有一个指标，如果我们把全球的基础科学平均水平算作1，那么中国现在处在0.7到0.8的水平，而美国是2到3。他说有关人工智能的100篇著名的文章、最具引领性的文章中，中国一篇都没有。

前不久科技部的前部长许光华有一个讲话，也涉及我国在基础科学方面与他国的差距。他说，当前我国文章的引用率、发表文章的数量好像增长得很快，都是世界第一，因此有些人就认为中国的基础科学已经是世界第一了，这实际上存在很大的误解。引用率怎么提高？据说有些人写一篇文章，几个人联合署名，大家互相引用，引用率自然就提高了，所以我认为文章的引用率并不能代表一个国家的基础科学水平。杨伟教授说："这些年我们取得的成就不可否认，但是我们的差距仍然是巨大的。"他认为我们持续努力到2050年，中国在基础科学方面有可能成为强国。

要成为基础科学强国，就要激发中华民族的创新力和创造力。从目前来看，我们还存在以下不足。

第一，要了解我们现在还有认识误区，我们都知道创新是国家发展最大的动力，创新驱动发展，人人都把创新喊在嘴上，好像不讲创新就跟不上时代潮流，言必称创新。然而，我们过度重视商业模式的创新，而忽视了对科学、艺术、哲学的创新。我们需要更多伟大的思想家、哲学家、数学家，如果没有伟大的思想创新，就不可能有伟大的科学创新。

第二，创新和社会制度无关，为什么美国、以色列的创新比较多、比较集中？这是偶然的吗？当然不是。

第三，不要过度依赖国家。我曾和多个优秀的企业家谈过相关问题，毫无疑问，举国体制当然力量强大，如"两弹一星"的成功，这是我们引以为豪的。又如，应对美国的贸易制裁，可以采取三个策略：一是自力更生；二是举国体制，或者是新举国体制；三是国有企业做大做强。但是在持续创新方面，举国体制是否可行？什么样的举国体制可行？这是值得我们深入探讨和研究的。

第四，认为哲学社会科学和思想的自由竞争毫不重要。我认为这是根本性的认识误区，至少从我现在对人类过去创新和创造的历史的研究结果来看，如果没有思想的自由竞争、思想的自由市场，创新、创造是完全不可能的。也许偶尔也会出现创新的个例，但绝不会是持续性的。而且，如果我们认为哲学社会科学根本不重要，那么我们的自然科学还有人文社会科学还有什么意义呢？

第五，对基础科学，特别是数学的重要性的认识严重不足。当然，在我们目前的经济状况下，年轻人是不是还有心思搞基础科学研究？任正非先生曾公开讲过，他说现在房价搞得这么贵，我们神州大地还能不能放下一张安静的书桌？能够进行基础科学研究并有所突破的人一定是20多岁、30多岁的年轻人，过了40岁一般就不可能再有突破了。可20多岁的博士、硕士、本科生背负着巨大的压力又怎么搞研究呢？我们要提高对基础科学的重要性的认识，不是单纯靠喊口号，应该是考虑为年轻人特别是20多岁的年轻人创造一个宽松的学术研究环境。基础科学研究是不可能规划出来的，就像量子力学不是规划出来的，狭义相对论、广义相对论也不是规划出来的，我们应该创造环境让他们自由发挥，自由研究。

第六，我们没有认识到艺术和科学结合的重要性，即跨学科的重要性。我们不能否认思想和艺术的重要性，一个民族、一个国家若没有伟大的思想和艺术，那是很可悲的。

人类的很多创造都是科学和艺术结合的，比如说乔布斯的例子，乔布斯的口号是"Think Different"（非同凡响）。他专门有过一个解释，他说此处的Different是名词，他的"Think Different"和普通的"Think Different"的不同之处在于，后者只是从不同的角度思考，思考的是同一个事物或同一件事情，而前者则是思考完全不同的事物，思考或构想一个完全崭新的世界，这与从不同的角度思考同一件事情或同一个事物是完全不同的境界。要创造一个新世界或完全崭新的事物，就必须首先思考或构想一个崭新的世界或完全崭新的事物。在他心目当中谁是"Think Different"呢？他选了50个人，包括爱因斯坦、甘地、约翰·列侬、鲍勃·迪伦、毕加索、爱迪生、卓别林、马丁·路德·金等。我们从这个名单中可以看出，在他的心目中"Think Different"人数最多的是艺术家，其次是科学家、政治家，企业家一个都没有。

艺术和思想对一个国家、对一个民族的重要性绝不亚于科学，甚至可以说它是科学创新之母。如果没有艺术思想的创新，就不可能有科学的创新。经济学家研究这么多年也是得出同样的结论，菲尔普斯写过一本书叫《大繁荣》，获得过诺贝尔奖。他说历史上的创新的前导就是艺术创新、文化创新、思想创新。

最后我谈一下创新和创造的基本规律，如何才能"Think Different"。

第一个规律是文化至上。创新是文化现象，不是技术和经济现象。对此我做过一些调查，研究了一些案例，如以色列或者说犹太人创新力创造力强的关键是文化。为什么硅谷能够成为全球创新的中心？是因为它的文化；深圳是中国最具创新精神的城市之一，它到底独特在哪里？在于它的文化。文化说不清，道不明，看不见，也摸不着，但是它就是在这儿。深圳是中国创新的第二大城市，坦率地说，北京没能入选还是比较遗憾的。

第二个规律是自由独立。自由之精神，独立之思想是一切创新和创造的根源，精神都不自由，思想都不独立，如何创新？前面提到的犹太民族所展现的就是这一点，为什么爱因斯坦的传记叫"反叛者"？为什么马克思写《资本论》？马克思在序言里面讲得很清楚，就是颠覆以前的经济，他说辩证法从本质上讲是革命性的，对马克思最好的研究就是颠覆他，超越他，一味遵循听从他的观点就失去了研究他的意义。

第三个规律是创新生态体系。富有活力的创新体系是激励创新力和创造力的内在根本机制。创新生态体系的核心要素是多元、开放、包容的社会文化氛围和富有创造性的教育科研体系。怎样形成这样的生态体系？多元，只有开放才有多元，只有开放才能包容，没有多元、没有开放、没有包容的文化氛围怎么可能有创新和创造？特别是我们的教育体系，要允许不同的思想流派，要允许不同的学派之间相互竞争。犹太人上课老师在上面讲，学生在下面自己讨论，只有这样的氛围，才可能会有这么大的创新性。

第四个规律是多元包容的教育体系。华为公司为什么能够成功？现在有很多学者在研究，任正非先生独特的管理哲学是以"熵"这个概念为核心的，以负熵把热力学第二定律引进来，消除一个组织的惰性，消除组织的退化；消除人的惰性，消除人的退化。负熵是什么东西？是批判，是要多元，要开放，要包容。所以华为公司内部有红军、蓝军的机制，简单讲就是互相挑刺。华为做到今天，成为全球举足轻重的跨国公司，与其独特的管理哲学密不可分。

第五个规律是去中心化。全方位地连接和协作形成自发、自在的创新秩序。绝大多数乃至所有的创新和创造都是集体合作的产物。互联网能够被发明出来，其实是一种自发、自在的创新秩序的产物，是去中心化的。

国家的有志之士、有识之士，如许光华之辈，他们也认识到了这个问题。我们只靠层层项目审批，是搞不出原创成果的。谁有能力审批未来的成果？未来都不知道，人怎么审批？

第六个规律是跨界融合。研究创新的人给它起了一个名字，就是"美第奇效应"。美第奇这个家族财雄势大，赞助过很多科学家、思想家和艺术家。他经常把这些人聚在一起，大家相互交流，跨界融合。我们搞经济的，搞商业的，也必须跟科学家交流，跟艺术家交流，艺术家也要和我们经济学者、法学者交流。跨界融合是创新和创造最丰富的源泉。华为公司也有这样的机制，让不同的人在一起交流，相互激发。大家都知道，乔布斯生前设计了苹果公司新的总部，大家有时间可以去参观，就是一个打通的圆圈、圆环，希望不同的人能在里面自由地交流和融合。

第七个规律是专注持久。任何伟大的创新必然是长期专注和坚持不懈的成果。我们很多人喜欢把华为公司与海尔和联想进行比较，柳传志先生、张瑞敏先生都是伟大的人物、了不起的企业家；但是客观来讲，我认为他们现在跟华为还是有很大的差距的。很多人都在总结这个问题，我也没有资格评价，但是起码有一点，华为公司和这些公司相比，它是专注的，过去30年有多少诱惑，房地产、股票、期货、金融，无数的诱惑，而华为能够抵挡这些诱惑。所以任正非先生说，我们从不在非战略渠道上、非战略轨道上浪费任何资源，我们把全部的资源砸到战略高地，必须拿下"上甘岭"，这就是专注。我看过一些报告，联想这些年涉及的产业高达33个，房地产、金融、制造业，甚至还有白酒集团。

现在中国的企业有那么多是多元化的企业，我想99%的会失败。全世界多元化的企业，能够称得上成功的只有一家，就是通用电气，但通用电气后来也失败了。2000年，美国财富500强已经把通用电气列到金融服务类行业里面去了，为什么？因为2000年的时候，通用电气资产的65%来自它的金融服务业。伊梅尔特成为首席执行官以后痛下决心，把金融服务业砍掉，回归主业，经过十几年的调整还不是特别成功，但是也算取得了很大的效果。

通用电气差一点就因过度多元化而走入歧途了，这也是今天在中国经济转型的过程中我们要吸取的经验教训，我们要重新深思的大问题。现在中国制造业的企业有几个不搞金融的？不搞房地产，就搞金融。中国的金融风险正在上升，有些公司现在也都陷入了困境。不专注，什么都想搞，到头来可能是赔了夫人又折兵。所以我想，我们是不是可以总结一些关于创新的基本的、趋势性的，或者是经验性的规律，是不是成立？是不是有道理？

当前中国经济持续下行，短期的刺激政策收效甚微，稳健的货币政策、财政政策只能让经济暂时平稳运行，却不可能扭转整个局面，唯一的出路是经济转型。中国历史性的大挑战、大转折怎么能够应对，单靠这些短期政策肯定不行，我想唯一的出路就是高度重视教育和基础科学。以前有一个"钱学森之问"，我现在把任正非的讲话提出来，叫"任正非之问"：我们中有几个人愿意读数学？有几个人在认真读书？博士论文里的真知灼见又有多少？

我今天就非常梗概性地、非常粗糙地给大家介绍了这个课题，我希望能够激发大家一起来思考，希望中国的有识之士能够真正全面、系统、深刻地吸取历史的教训，总结人类发展的历史经验。

互动提问

问：我是重庆大学毕业的，曾就读于重庆建筑工业学院。我们老师有句话，工程课也是科学，科学也是数学，数学也是哲学。向教授也讲到数学对我们科学发展的重要性，那么向教授您对哲学、对我们发展的重要性是怎样认识的呢？我觉得哲学从更高的维度上、更加深层次地影响我们，不仅是数学的发展。

向松祚：哲学具有最高的重要性。

问：我们都知道华为是中国最成功、最著名的高科技企业之一，我的问题就是华为的资本构成的股权结构是什么样的。

向松祚：全员持股。

问：中国社会具体要怎么做才能激发我们青年人的创新活力？具体有什么样的措施和建议？

向松祚：以后你每次上课必须问问题，把你的老师问住。

问：我们中国改革开放40年，新中国成立70周年（2019年），中国的进步基本上是追赶型的，包括我们的科学研究。要成为一流国家，必须是原创型的，尤其是基础科学，我本来设计好的问题就是您最后提到的"钱学森之问"，何时破解"钱学森之问"，或者是何时破解"任正非之问"？

向松祚：怎么解决"钱学森之问"，我想就是我们的教育体系能真正地鼓励独立精神、自由思想，我们的体制机制能做到，我们能让不同的学派自由地竞争，我们能有充分的思想市场。刚才这位同学提到的哲学非常重要，必须有不同的流派，数学也要有不同的流派，经济学、物理学就更不用说了，没有各种流派之间自由的竞争是不可能出大师的。

问：所有的科技都应该是为人服务的，给人带来愉悦，我们现在一边是"996"，一边是零工，一边是置业，压力很大，怎么办？

向松祚：第一次工业革命的时候很多人对科技非常反感，马克思写《资本论》就是这个背景，当时批判很多，有一位校长说，科技会把整个人类毁掉，但是事实证明，人类技术进步的潮流是挡不住的，人类要适应它。在新的背景下、新的条件下，人是不是更不幸福了？我觉得不一定。什么是幸福？每个人都有不同的定义。我觉得人的突破是永无止境的，因为人的创造力是无限的，技术进步的潮流滚滚向前，人类社会和人的心态如何适应和调整，那是另外一件事情。

问：您作为经济学家，思考基础科学对工业革命的激发作用，和一个纯粹的理工类的科学家的观点相比，会有什么样的差别呢？

向松祚：经济学者探讨技术使人类经济增长，以及如何影响人类进步；而科学家主要是探讨科技自身进步的内在问题，这是一个本质性的差别。

邓达：我在大学里教书，如果把希望寄托在高等教育本身的改革上，我不太能理解，我觉得最大的问题是从基础教育开始的，而不是说从18岁开始的。

向松祚：我部分同意，但是我认为大学教育的突破，可能更加重要。比如，我们教西方经济学教了30多年，其实西方经济学大部分是错的，为什么没有人站出来说呢？我最近写了一套书叫《新经济学》，第一卷就是专门指出西方经济学为什么基本上都是错的，这就是要颠覆。其实西方经济学的理论，不能说完全错，大部分是有问题的，但是它已经形成了一个圈子，或者说是形成了没有人愿意站出来去说的氛围。对一个人最好的研究是超越他，如果你研究几十年甚至研究100年，还是永远"听他怎么说我就怎么说"，那就失去了研究的意义。

纪鹏荐语

2

中国经济转型升级的关键到底是什么？中国经济究竟应该依靠什么做到从大到强？我们如何真正解决尖端和核心科技被他国"卡脖子"的重大难题？显然，这些重大问题的答案既不是一般意义的产业政策，也不是短期的货币信贷和财政政策，更不是简单的商业模式创新。

要回答这些问题，我们就需要认真严肃地研究和总结人类工业革命和经济增长的历史经验。人类过去几百年的经济持续增长缘于工业革命。第一次工业革命以蒸汽机为代表，带领人类走进了工业化时代；第二次工业革命以电力的出现为标志，带领人类进入了电气时代；第三次工业革命则是20世纪中期开始的以计算机、互联网和移动通信为标志的信息时代；第四次工业革命是以往一切技术的大综合所催生的人工智能时代。

纵观人类数百年历史，凡是引领和紧随工业革命的国家，都成为富裕和强大的国家；没有引领也没有跟随工业革命前进步伐的国家，至今依然停留在欠发达水平。

那么，那些能够引领工业革命的国家和地区，究竟有什么独特的秘密和经验呢？对于今天思考中国经济转型的重大问题又有什么可资借鉴和学习的呢？

10月9日（2019年）晚6点30分，蓟门法治金融论坛邀请的是著名经济学家、金融学家向松祚教授，对上述问题做出了系统、深入的阐述和分析。

向松祚先后留学英国剑桥大学和美国哥伦比亚大学，师从"欧元之父"、国际宏观经济学奠基人、诺贝尔经济学奖得主蒙代尔。

我与向松祚相识于2005年，北京电视台著名财经节目主持人姚长盛主持的一档关于资本市场和人民币国际化的三人访谈节目中。访谈中向松祚渊博的金融知识，充满激情、非同凡响的演讲，给我留下了深刻印象。之后我们又在很多研讨会和对外讲学中联袂出场，无论是在复杂的金融问题上，还是敏感的社会问题上，我们都能山鸣谷应，相互配合，可以说合作非常愉快。向松祚不仅看问题敏锐，表达能力强，而且文笔也很好，迄今已经出版学术著作7部，有几部作品还引起了重大社会反响。

向松祚观点鲜明、爱国、有责任心，他的演讲、文章不仅体现了他的观察力和分析能力，而且体现了他爱憎分明的性格和做人的原则。这次他以《基础科学研究如何激发人类的四次工业革命》为题进行讲座，主要从以下几个方面与大家进行了探讨：

（1）人类迄今发生的四次工业革命。

（2）为什么英国和美国可以成为工业革命的领导者？

（3）基础科学尤其是数学对工业革命为什么具有特殊重要性？

（4）犹太民族在原创思想和科学方面的贡献为何一枝独秀？

（5）如何激发中华民族的创造力和创新力？

本次讲座还探索了新的讲座模式，留有充足的时间，让主讲嘉宾和与会者展开充分交流和讨论。向松祚教授以他一贯富有感染力的讲座风格，展现了演讲家、思想家的魅力。

第三篇
增强合规竞争力,打造世界一流企业

蓟门法治金融论坛第 78 讲

主讲:王志乐　北京新世纪跨国公司研究所所长、

全国企业合规委员会副主席、

联合国全球契约组织第十项原则专家组成员

时间:2019 年 10 月 16 日

地点:中国政法大学蓟门桥校区

点评:李冰、林庆苗、李欣宇、吕良彪

互动提问

致　辞

刘纪鹏：今天的主题看起来是一个很严肃的话题，似乎是比较高深、艰涩的问题，其实不然。无论是为了实现新时代伟大的梦想还是解决中美贸易争端问题，增强合规竞争力，打造世界一流企业，都是在当前局势下对中国企业迫在眉睫的要求。习总书记伟大的梦想提出构建人类命运共同体及共享、共建、共治等要求，在这个过程中，我们要融入国际社会，中国特色社会主义思想一定是建立在市场经济体制上的。今天的讲座最主要的是了解王志乐同志思想中的社会主义思想。一系列设想都是在市场经济这个大环境中诞生的，而市场经济的大环境有国际共同遵守的规则。中国企业对外直接投资的过程中，必须得遵守这些规则，否则中国企业必然会出现违规行为，甚至因此而受到处罚。

尤其是中美贸易争端期间，从华为到中兴，从中铁建到阿里巴巴，中国企业都不熟悉国际规则，导致无法融入国际市场化的大环境。构建人类命运共同体，是目前中国崛起迫切需要解决的一个问题，也是中国人虚心学习之所在。

实现市场经济得靠企业和企业家，中国企业现在正在打造自身一流的国际竞争力。然而只关注技术硬实力并不够，还要关注合规软实力的建设。而这恰恰是中国企业目前亟待解决的问题，也是今天组织这场座谈会的一个主要原因。

特别想提一提我们中国政法大学的法商结合，法律是为经济服务的。中国的经济实践走到今天，迫切需要法律制度来保驾护航，疑难问题都需要靠法律来解决，而合规问题就是处在法律和管理之间的一个重要命题，不是简单的法律问题。今天论坛的主题就是探讨企业是否需要设立合规官。那么合规官和法律顾问有什么区别？这就涉及我们商学院的法商管理系的发展方向。今天有国资委改革局与资本局的两位局长到场，其实也有很多迫切需要解决的现实问题，在应对中美贸易争端的过程中亟待理论上有所突破，要找出一条中国道路下现代企业制度的发展方向。

产学研一体也摆在我们商学院未来的发展道路上，能不能学以致用，就要请王志乐教授还有相关领导一起来探讨了。

丰富的理论与大量的案例相结合，王志乐教授会把今天这样一个有点抽象的话题讲得很生动，让大家享受到一次法商结合的学术盛宴。

马怀德：我非常荣幸出席蓟门法治金融论坛第78讲。今天论坛的题目跟论坛主旨非常契合，既讲合规性，又讲企业运营与企业的实操发展。

我记得20多年前，我夫人在中国银行法律部工作，有一天回来告诉我说，她们部门改名为法律合规部。增加了一个"合规"，就要求除了遵守法律，还要遵守企业的规则以及国际商业规则等一系列规则。很多企业都有法律顾问，但现在实际上需要强调的不仅是守法，还有合规，规的范围比法要大。

今年随着中美贸易争端的发展，中国企业在海外的利益受到了严峻的挑战。在"一带一路"的倡议下，越来越多的企业"走出去"了，但是面临的风险隐患也越来越多，研究法律和企业管理与经济的人都应当高度重视这个问题。王志乐教授长期致力于企业合规的研究，现在是全国企业合规委员会的副主席，长期在商务部的国际贸易合作研究院做研究员，也是国务院具有突出贡献的专家之一。

为什么要合规？什么是合规？合什么规？如何合规？这就是我今天想谈的四个关键问题。

论坛的主题目涉及强化合规竞争力，意味着合规已经上升到竞争力的高度，而提高竞争力的目的是打造世界一流企业。

一、合规竞争力是软实力的重要表现

首先解读一下本次座谈的题目，为什么把"合规竞争力"和"世界一流企业"联系起来？

在十九大报告中，习总书记提出要深化国有企业改革，发展混合所有制经济，培育具有全球竞争力的世界一流企业。到企业进行调研或者讲课的过程中，我发现很多企业，特别是央企以及大型国企，都把习总书记提的目标作为企业的目标在努力。关于这方面，国资委还专门开过会，主题就是推动世界一流企业建设。

我从1992年在商务部工作后就开始调查研究世界大型跨国企业，主要的研究方向就是跨国企业，去过欧、美、日共100多家大公司的总部，对于这些大型跨国企业一直在跟踪，后来也去过很多国内的企业做调查。根据我的观察，无论是国内的还是国外的世界一流企业，它们不光拥有一流的技术和产品等硬实力，往往同时拥有一流的软实力。我越来越清楚地了解到合规竞争力是世界一流企业软实力的重要表现。

正如在2018年的民营企业家座谈会上，习总书记有一个非常好的论述："民营企业家要遵纪守法，在合法合规中提高企业竞争能力，形成更多具有全球竞争力的世界一流企业。"他把企业的竞争力和合法合规联系了起来，又把竞争力和世界一流企业联系了起来。实际上在前几年的研究中我们就发现合规竞争力非常重要。到了今天，特别是习总书记有这么明确的论述的时候，我觉得可以把这个概念提出来：要打造世界一流企业，除了得有一流的硬实力，还得有一流的软实力。合规竞争力恰恰就是软实力的集中表现。

为什么说合规是一个重要的竞争力？

从2018年到2019年，中国人第一次发现合规会对企业带来那么大的影响，而且一旦因违规被处罚，就有可能给企业带来非常凶险的负面影响，甚至关乎生死存亡。下面我想用几个案例来说明合规竞争力的重要性。

首先就是耳熟能详的案例——中兴通讯。2017年3月7日，美国商务部宣布，由于中兴通讯违反了美国的出口管制禁令，被要求罚款约12亿美元，并且监管7年。这是一个创纪录的案件，是美国历来限制出口罚款最多的案件。2017年，中兴通讯妥协认错，愿意整改并建立有效的合规体系，监管7年期间建立合规体系，双方算是和解了。但是一年后，2018年4月16日，中兴通讯再次被罚，理由是虚假陈述。

我实地调查过中兴通讯，还把它们的合规官请到北京开座谈会，了解中兴案的来龙去脉。2017年，我们在深入了解之后写了一份内部报告，给有关领导参考。然而2018年又出事了，实际上我认为它没有实质性的违规，只是在跟美方沟通的时候出现了一个纰漏，但是美国人对虚假陈述非常重视，就把2017年约定停止执行的禁令重新启动了，使中兴通讯陷入了休克状态，当时中央电视台也有相关报道。经过中央领导跟美方的沟通，美方最后又增加了 10 亿美元的罚款，两次处罚一共约 22 亿美元；另外，又增加了 5 年的监管，一共是 12 年。处罚程度确实比较严重。我今年（2019 年）又去中兴实地调查过两次，发现中兴确实做了大量的整改，整体状态很好，并且认识到自身确实应该强化合规。这个重要的案件给我们一个启示：违反了一个国家的"规"，就有可能导致企业进入休克状态，如果不解决，就有可能破产。

2018 年年初还有一个大案件，国内可能不太关注。香港民政事务局前局长何志平到美国旅游，突然就被扣押了。美方的理由是他向乌干达外长行贿 50 万美元，向乍得总统行贿 200 万美元，向塞内加尔的前外长行贿 40 万美元，一共行贿达 290 万美元。第一，涉及的行贿款是通过纽约的一家银行汇出去的；第二，汇款用的是美元，因此，美国执法机构认为它们有管辖权。后来何志平方要求保释，美方不同意，因为何志平在美国没有资产，所以给出多少保释费都无法保释。2018 年 12 月 5 日，经联邦陪审团裁定其中 7 项罪名成立，若各罪分开执行，加叠在一起的刑期最高可被判 65 年监禁和罚款 165 万美元。判决公布后，有 100 多个香港名人联名，证明何志平一分钱也没有装进自己腰包。最后联名"求情书"起了作用，2019 年 3 月 25 日，重新判决，结果为 3 年监禁和罚款 40 万美元。这个案件本身不算大案，但引发的连锁效应比较大。

世界银行有一个黑名单，也是我们所跟踪研究的名单。2018 年年底我们研究所做了一次梳理，发现这个黑名单上一共有 98 个中国的企业与个人。个人或者企业在海外搞工程或者其他项目，一旦接受了世界银行的贷款或者有关项目，世界银行就要监管整个运行过程，监管从招、投标开始，一直到运行过程中是否存在违规行为。违规有 5 种，其中一种就是受贿与欺诈，欺诈是指掩盖真实情况，上报了虚假情况。这些情况一旦属实，企业或个人就会上黑名单，几年内就不能进行跟世界银行有关的业务。一共有 5 家银行，包括非洲银行、亚洲银行以及欧洲复兴开发银行等，

第三篇
增强合规竞争力，打造世界一流企业

企业一旦上了黑名单，就会被这几家银行联名制裁，国际业务就难以开展。

但是2019年9月，我们再一次进行统计，发现名单上的中国企业居然达到了904家，黑名单总共就2004家，这又一次创了纪录。中铁建从6月4日起被世界银行查证以后，落实违规了。而这次违规使得它的730个子公司全部上榜，所以才出现了这样的数字，导致中国公司被世界银行制裁的数量反超加拿大，排名第一。对中铁建的处罚禁令是，制裁9个月以及合规监管2年，如果9个月以后达到了世界银行合规官的要求，就解除制裁；若没有达到要求，就自动转为禁令制裁。中铁建的招、投标文件被认定为存在问题，伪造所谓的资质，就是人员、设备以及业绩被查出了作假，就被认作欺诈行为。欺诈恰恰是世界银行要制裁的5种行为之一。经过磋商，世界银行将制裁时间宽限为9个月。一旦禁令制裁超过1年，五大国际银行就会联合制裁。这个事虽然不大，但是影响不好。2019年7月18日，中纪委和世界银行联合举办培训，即"一带一路"参与企业合规培训班。为什么这个培训跟世界银行联合开展？因为世界银行代表了普遍认可的国际通行规则，并不是美国一家制定的规则。

最后一个案子是国内的，2018年吉林长春长生公司由于疫苗出事，涉嫌违规生产。国务院组织调查组专门进行了调查，然后专门向中央政治局常委会汇报，这好像是中央政治局常委会第一次为一家公司的违规专门开会。最后常委会认定这起案件是各岗位工作人员渎职的严重违规违法行为，疫苗生产者逐利枉法、违反国家药品标准和药品生产质量规范，并且编造虚假生产检验记录。这起有关疫苗生产的重大案件，情节严重，性质恶劣。这个案件的最终判决是：第一，罚款91亿元人民币，这是我所知道的第一起罚到90多亿元的违法违规案；第二，公司主要的管理人员全部负刑事责任；第三，证监会宣布长春长生公司退市。实际上这个公司就灭亡了。

除了上述一些大案件，其实还存在一些普遍的合规问题需要关注。2018年，证监会公示了对上市公司违法违规行为的310件行政处罚，同比增长了近40%，罚款总额达104亿元。关于信息披露违法与操纵市场的处罚中，罚款最多的是50亿元，主要涉及内幕交易、中介机构违法、私募基金领域违法、短线交易、从业人员违法违规等，普通的企业也面临非常多违规的问题。此外，银监系统各级单位在2019年上半年一共开出罚单906张，主要是对金融机构的处罚，一个重要的原因就是违规，涉及信贷业务违规、票据违规等。

上述的大型企业案件或者普通企业案件，即便没有造成严重的后果，也都值得重视。

二、合规的概念与合规管理的范畴

合规的概念最早是由美国人提出来的，英文表述为Compliance。我认为将Compliance翻译成"合规"非常准确。我最早见到翻译这个词的是日本人，翻译成"遵法"，日文将Compliance的英文意思直接引用了。

那么所谓合规，要求合什么规呢？国际标准化组织制定并于2014年出台了《合规管理体系指南》，2017年中国国家标准化管理委员会将其采用为中国的国家标准，现在能够依据的一个重要文件就是《合规管理体系指南》，编号是ISO 19600：2014，国家标准编号是GB/T 35770-2017。

按照这个文件，合规被定义为履行组织的所有合规义务。此外，它还对合规义务做出了解释，将其分为两种：一种叫合规要求；另一种叫合规承诺。

合规要求指的是监管机构的要求、各国法律法规的要求以及行业组织的要求等，合规要求的重要来源是监管要求。而合规承诺的来源是企业自发的合规承诺。如果企业加入一个协会或者组织，头衔是联合国全球契约组织，这个契约组织有10项原则，那么加入这个组织就意味着接受了这

10 项原则,这是一个承诺。

就如刚才提到的制药企业,中央非常重视食品药品企业,这类企业直接关系到人民生命健康,所以履行合规义务非常重要。处罚完长春长生疫苗公司以后,中央就要求证监会对 300 家上市的食品药品企业的董事长和总经理进行合规培训。2018 年,证监会专门请我去了 3 次,每次给 100 多家食品药品企业讲课,这类公司最基本地都要有一个不做假药的承诺。

综上所述,来自外部的要求与自身的承诺一起构成了合规义务。

而这两种合规义务表现为三种形态。第一种是法律法规,企业要遵守总部所在国和经营所在国的法律法规监管规定。第二种是规章制度,企业应该遵守自己制定的规章制度。必须强调一点,不是所有的公司规章制度都是合规的"规",合规的"规"应该是响应合规监管、体现合规承诺的制度准则。一个好的企业,肯定会根据外部监管要求以及自己的承诺,制定一系列的规章制度来保障监管要求能够实现,承诺应该比外部监管的要求更严。第三种,与其他的管理还有一点不同,合规管理还包含道德价值观层面的要求,包括职业操守与道德规范。比如,诚信守约就应该作为企业的基本规范。为了研究企业合规行为,我去过多家世界著名跨国公司的总部和中国的一些分公司。我发现这些公司普遍有一个共识:要按照最高的道德标准经营企业,不是只要求合法就行了,还要求有价值观指导的文化。从这方面来看,合规的范围比法规要宽。虽然法不禁止皆可为,但是法规不禁止做的事不一定是道德的。关于合规,合法的事不一定合规,这一点必须注意。

然而合规执行过程中有一个难点。"规"如果是国际通行规则,就被广泛接受并且通行。但是"规"如果不是国际通行规则,而是某个国家的"规",就常被认为非常不合理,那么这种"规"是否要接受呢?

2019 年上半年有一本书出版了,即《美国陷阱》。这本书有一个副标题"如何通过非经济手段瓦解他国商业巨头"。这本书的作者是法国阿尔斯通曾经的一个高管，负责经营阿尔斯通在印度尼西亚的业务。当时法国公司合规性不太强，为了在印度尼西亚获得项目，经常向当地的官员行贿，据说达到了几千万美元。作为比较高层的领导，这个作者发现这种情况后向总部汇报，认为公司的合规只流于纸面，向当地官员行贿违反了公司合规制度，造成实质违规，这将成为公司的一大隐患。总公司的领导没重视这个问题，最后隐患果然爆发，这个作者到美国出差时被扣留了，美国人威胁他，要他配合调查，否则按罪行得判155年。因为阿尔斯通在美国上市，它就属于美国公司，在美国《反海外腐败法》管辖范围。这个作者与公司的律师协商是否配合调查承认违规行为，公司总部认为不会被判太多年，让他认罪。然而令人没想到的是，他一认罪，公司总部就宣布这件事不是阿尔斯通做的，属于该作者的个人行为，把他变成了替罪羊。这本书的前半部分叙述的就是这个过程，深刻地揭露了一家公司一旦违规，尽管只是违反纸面的合规规定，风险仍然很大。

这个案件调查审判持续了好几年，在这期间阿尔斯通经营困难，被美国通用电气（GE）公司收购为电力部门。《美国陷阱》的作者认为，美国在执法中的原始动机看起来像是反腐败，但是后来逐渐变成了为美国公司收购法国公司创造有利条件，以此瓦解了一个巨头。

这本书实际上讲了两点：一个是企业应该强化合规，应对风险不被抓住把柄；另一个是企业所属国应该对美国单方面霸道且不规范执法的行为进行平衡应对。作者出狱以后成立了一家咨询公司，专门帮助企业合规，也给法国政府提建议，碰到这种情况不能光让一家企业挨罚，政府也要帮忙，哪怕处罚结果改变不了，法国政府也要起到作用，不能让美国单方面决定处罚。

我跟作者的助理针对这本书进行过探讨，作者本人也到北京与我们进行过座谈。我对这本书后半部分的内容感触比较多，认为不应该接受美国的法规，他认可我的见解。座谈以后我们原计划举行小型的座谈会，邀请中国企业参加，一起探讨作者的遭遇，可惜由于作者的母亲突然去世，需要作者回国，最后这个座谈会没有成功举办，但他答应下次再来给我们讲如何应对非国际通行规则。

那么如何对待国际通行规则和非国际通行规则呢？毫无疑问，我们应该接受国际通行规则，但是对非国际通行规则，如美国的这个"规"，我认为要具体分析，如果企业能管控不遵守这个"规"的风险，当然可以不接受；但是如果管控不了，恐怕只能按照规定执行了。

而且不光美国有非国际通行规则，中国以及"一带一路"沿线的很多国家都有非国际通行规则，也得去考虑对策。比如，当年谷歌在中国就碰到一个难题。美国公司特别是网络公司，到中国来经营，就不可避免地要面对中国关于网络的规则。这个规则规定了需要审查防范的业务范围，而这个规则确实不是国际通行规则。谷歌虽然不赞同这个规则，但也无计可施，除非不在中国大陆经营。

所以我认为，如果企业经营过程遇上了这种非国际通行规则，那么一定要考量、分析与判断。如果能够管控潜在风险，那可以选择不遵守；但是如果管控不了，那么可以选择放弃。就如中兴通讯这个案件，当年中兴通讯是高度全球化的公司，打造了全球价值链，需要购买美国的零部件。美国公司，如微软、IBM（国际商业机器公司）、高通，跟中兴通讯签合同的时候有一个条款，即按照美国政府的规定，中兴从美国公司购买的产品不能转卖给美国制裁的国家。中兴签了这个合同就等于同意这个条款，但当美国调查的时候，中兴又采取了一些规避手段。实际上中兴确实违约在先了。

三、不合规会带来合规风险，合规会带来竞争力

为什么要推动合规？关键原因是不合规会带来合规风险。所谓的合规风险就是指由于没有遵守法律、监管规定或者自律性组织制定的有关准

则，企业可能会遭受法律制裁或监管处罚，面临重大财富损失或声誉损失的风险。在前述的几个案子里，就是由于违反了监管规定或者自律性组织制定的准则，企业受到了监管处罚，导致了重大财务损失或者声誉损失。而且受影响的程度不一，轻一点就是"休克"，重一点的关乎存亡。

从我开始研究合规以来，我感觉合规越来越受到重视。我调查过的国外公司现在普遍认为合规管理是现代企业一项核心的风险管理活动。随着中国企业越做越大，这些年引进了很多现代管理的理念，如内控管理、全面风险管理等。国外真正大规模地推动合规管理也就十多年的时间，但是合规风险是中国政府和企业所不熟悉的。不过不熟悉不等于不重要，反而是合规问题现在极为严峻。2018年至今，多起破纪录的大案都是由于没有合规、违反合规造成的。这也是我们现在要重视合规、要推动合规建设的原因。当然，合规建设不是简单地重视合规，而是要转化为一种管理。

早期合规的理念可能在法学界更受关注，但是发展到需要建立合规管理体系时，合规又与管理学科密切联系。所以我觉得，中国政法大学管理学院来做合规，能抓住合规的特点。

前面都是从反面讲不合规带来的风险，接下来从正面思考，合规会给企业带来非常重要的竞争力，即合规竞争力。所谓的合规竞争力就是企业通过建立有效的合规管理体系，防范和化解合规风险，从而为企业和企业利益相关方创造价值的能力。合规竞争力是世界一流企业的软实力。

四、合规管理的发展过程

大家可能会有一个疑问：合规这么重要，为什么中国才意识到要加以重视？实际上合规管理有一个发展过程，我们来简单地回顾一下。

众所周知，"冷战"结束后，国际局势有一个重大转变，出现了全球市场。全球市场出现以后，传统的跨国公司迅速地扩张到了全球市场，随后市场营销全球化、制造组装全球化、研发设计全球化和资本运作全球化。

跨国公司开始在全球吸纳资源、配置资源，打造全球的价值链，这样就从传统的跨国公司转型为现代的新型跨国公司，我把它叫作全球型公司。如特斯拉，众所周知，它是最厉害的、最有竞争力的电动汽车制造企业之一。电动汽车"三电"最重要，分别是电池、电机和电控。特斯拉的电动汽车产品线一开始就是基于全球价值链的，电池是日本松下的，电机是中国台湾富田的，电控是美国加利福尼亚州的一家公司的，这是最重要的三个部件，其他大量的部件都从全球采购，硬件生产在中国，特斯拉把世界上性价比最高的零部件整合到了价值链上。特斯拉给自己的定位很有意思，定位为Made on Earth by Humans，即"地球人类制造"。

华为是最有竞争力的中国企业之一，也建立了全球价值链，它的92个核心供应商中有33个是美国的，占比超过了1/3；还有11个是日本的；8个是欧洲的；33个中国的。现在企业强大的竞争力不是取决于硬件生产，而是取决于把最好的供应商整合到价值链中，让价值链更稳定，这是最核心的竞争力。因为在这个时代，一家公司不可能做到自产全部重要的零部件，甚至一个国家也做不到。全球价值链的出现带来的一个挑战就是要保障价值链的稳定。例如，一家企业从日本松下购买电池，但是日本是一个地震频发的国家，如果松下的电池厂由于地震停产了，那么全球价值链不就中断了吗？所以必须设法保障价值链的稳定，找两个供应商共同供货，或者要求日本供应商到美国建厂。

前期保证价值链稳定，考虑比较多的是硬件方面的问题，但近年来保证了价值链稳定，开始考虑软实力方面了。一些企业违规而被监管处罚，导致"休克"，甚至灭亡，使得企业家们逐渐发现只靠硬件方面来保障价值链稳定还不够，还要考虑软实力。要保障价值链稳定，合规也是非常重要的一个方面。例如，虽然中兴通讯有一个庞大的价值链，但如果总部突然被打垮，那么以它为生的几百上千家的企业就遭难了。

打造好真正的全球价值链，就很难被打垮了。华为就拥有真正的全球价值链，5月（2019年）中旬被美国制裁，后来推迟了3个月。最近这一次谈判中，美国说只要不影响国家安全，美国企业可以继续向华为供货，这说明华为的价值链的核心能力确实厉害。

对于全球型公司来说，合规有一个重要的意义。发达国家比较早就发现了这个问题，于是开始加强合规的监管，企业也开始加强合规的建设。美国是最早推动这件事情的。1977年美国出台了《反海外腐败法》，开始加强反腐败合规。当时美国发现了一些美国公司为了在海外获得订单，向当地的政府官员行贿。1977年，美国国会派人调查，发现几百家企业存在行贿行为，涉及金额高达30亿美元。20世纪70年代，35美元是1盎司黄金的价格，现在1盎司黄金的价格是1400~1500美元，当时的30亿美元换算到今天相当于1000多亿美元。美国国会全票通过的《反海外腐败法》属于非国际通行规则。美国企业感到恼火，经常回国提意见，因为美国的公司因受到限制而无法行贿，但是日本和欧洲公司还在行贿。美国政府稍微放宽了限制，允许适当送礼。此外，美国人给日本人和欧洲人施压，要求他们也要有这个法律。可以说，《反海外腐败法》从非国际通行规则一步一步变成了国际通行规则，1997年经济合作与发展组织（OECD）出台了类似的反海外腐败法，到2004年，联合国出台了《反腐败公约》，中国政府也签字了，于是海外反腐败逐渐变成了国际通行规则。

1991年美国联邦量刑委员会出台了《联邦组织量刑指南》，"公司合规"这个概念第一次被写入法律，变成了法律概念，各国立法的时候也接受了这个概念。

联合国在2000年发起成立了全球契约组织。这个组织最早是50多家大型企业在一起商量，倡议企业不光要挣钱，不光要发展生产力，还要承担一些社会责任和环境责任。早在2000年联合国就提出了人权、劳工和环境问题，2004年联合国出台《反腐败公约》之后，全球契约组织又增加了第10项原则，企业要反对各种形式的腐败，包括敲诈勒索和行贿受贿。组织领导者认为前9项相对容易实现，要求社会和谐、保护环境、尊重人权，但是第10项难，合规不太好宣扬，做起来难，所以专门成立了专家组，邀请我作为中国的专家参加这个工作。

OECD出台了内控、道德与合规行为的指引，世界银行出台了《廉政合规指南概要》，作为世界银行制裁的依据。在这期间，2008年12月18日，美国司法部文件披露，西门子"行贿门"案件和解了。由于西门子是在美国上市的，因此西门子即使在中国或者其他国家开展项目的时候行贿送礼，美国也有理由管辖。据说西门子在中国行贿6000万美元，涉及输变电、交通、医疗集团等。有意思的是，德国政府不但不反对美国的管辖，还出动慕尼黑警方，查抄了西门子在慕尼黑所有的公司。美国对西门子处罚13亿多美元；德国对其处罚近3亿欧元，还要求监管4年，并派出德国总检察长到中国来调查具体情况。西门子公司作为百年老品牌，最初被判罚100亿美元，经过磋商，最后变成了16亿美元。后来西门子的领导班子更换，新总裁上任后，我被聘请作为西门子可持续发展的顾问，参加了西门子全球可持续发展的会议，帮助他们排查潜在问题。新任总裁有两句话令我印象非常深："我们西门子以后只从事干干净净的业务。无论何地，无论何人，无论何时，合规要作为公司的首要责任。"

后来又碰到他，他说西门子上一年盈利呈两位数增长，但是增长都是干干净净的，没有靠行贿的增长。经过4年的整顿，西门子建立了合规体系。美国的监管当局后来给了一个评语，说西门子建立了超一流的合规管理体系。这样一来，西门子反而有了竞争力，因为跟它合作没有合规风险，现在很多公司都愿意跟西门子合作。

这个案件发生之后，我明显感觉各国的大公司纷纷开始强化合规。2010年，我们研究所到欧洲10个著名的跨国公司总部考察，询问他们合规转变的情况，发现有6家居然于2009年以后就设立了首席合规官。跨国公司有一个新的岗位：CCO。第一个C是Chief，第二个C是Compliance，即首席合规官。虽然西门子案本身是一个错误的示范，但给全球企业、给其他国家带来的震慑作用非常大，各国都纷纷加大了合规监管力度。西门子案可以说是国际上开始重视合规发展的里程碑式案件。

总而言之，合规发展早期注重查处违规案例，后来开始要求建立合规体系预防。过去如果一家公司有员工违反美国的法律且被发现，美方就要来调查公司是否进行过相关培训。如果有很好的合规体系，那么公司可以免责，但是如果没有进行过合规培训，并且没有防范，公司就要承担相应的责任。法国的法律更严，就算没有人违规，如果监管部门发现一家公司没有建立合规体系，那么该公司就要承担行政责任。这是合规发展的趋势。现在国际上已经有了合规体系标准，之前提到的《合规管理体系指南》就是其中之一。

除此之外，合规管理的发展趋势也表现为从早期的专项合规，像反腐败、社会责任、环境责任等，发展到了现在的全面合规，如贸易规则，美国制裁中兴的措施就是出口管制，有时候可能会采用贸易制裁。包括竞争规则反垄断、金融规则反洗钱，还有反恐怖融资、知识产权规则、数据保护规则等，几乎公司业务流程的方方面面都得纳入合规管理范围，而这实际上给公司原有的管理体系带来了一个挑战。我在调查西门子的时候就发现，最初他们的合规部门主要负责反腐败，但是现在的合规范围已经扩展，包括洗钱、垄断、合规联合行动、隐私数据保护、出口管制与人权保护等，合规几乎把公司管理的各个角落都串联起来了。

五、中美贸易争端实际上是规则战

目前（2019年）中国对外主要面临的挑战就是中美贸易争端。我认为，贸易战表面上是商品贸易战，是关税战，但背后实际上博弈的是一种规则，最后贸易战演变成企业战，制裁中国企业，甚至演变成金融战。美国要建立一个新的世界秩序，对抗俄罗斯、中国和伊朗。美国指责中国利用世贸组织的规则，而习总书记说了中国要讲规则，要维护以规则为基础的多边贸易体制。由此可见，贸易战的背后是规则之战，当然就涉及合规。美、欧、日正在提出新的竞争规则，市场准入或者是互利开放，目标是对等开放。中国被要求强制转让知识产权职责，停止产业补贴。

据我观察，中国政府很理性地分析了这些规则，只要有利于中国开放，有利于建立市场经济的规则，中国政府都愿意接受。如强制转让，其实已经写进中国新的《外商投资法》里面了。竞争中性的理念是李克强在今年（2019年）的政府工作报告中提到的。根据竞争中性原则，政府对各类企业在要素获取、准入许可、经营运行、政府采购以及招投标等各个环节一视同仁。所以博弈过程中，中国有可能接受一些新的规则，当然也会坚持拒绝不合理的规则。无论如何，都可能会对中国企业的合规带来非常深远的影响。

美国司法部在2018年已经发布了一个法令性的文件，叫《防范中国方案》。这个方案包括10个目标，其中一个目标就是彻查与美国企业竞争的中国企业涉嫌海外腐败的行为。他们认为，只要中国企业跟美国企业竞争并胜出，就肯定存在腐败，需要专门调查。这给中国企业敲响了警钟，中国要高度重视合规，不能授人以柄。

美国对价值链上游技术的保护程度非常强，2019年7月9日，美国要求瑞士引渡一名涉嫌偷窃商业机密的薛姓华裔科研人员，他妹妹盗窃了一种药，价值5.5亿美元。美国先扣押了此科研人员的妹妹，后在瑞士逮捕了这名科研人员。这两年美国的执法机构一共处理了1000多起商业机密案，绝大部分有华人或华裔涉案。他们把华人甚至华裔看作盗窃重点关注对象。如果关系继续恶化下去，那么中国企业想用比较"短平快"的办法拿到新的技术太难了。美国加大了对上游价值链的管控，还抬高了关税，迫使美国的外资企业转出中国，还迫使其他企业转出去。这给中国企业带来的负面影响特别大。

贸易战以来，有些针对中国企业的合规要求其实也无法避免，所以我觉得中国企业要从被动地位转化为主动进行合规。西门子案发生以后，英、美、法这些国家纷纷强化了合规监管，美国则通过贸易战限制中国企业发展。在这样一个发展趋势下，中国企业近两年突然集中爆发了许多大案，一方面是由于外国的打压，一种政治的操作，但是另一方面，中国企业确实存在不合规的行为。随着大规模地"走出去"，中国企业暴露出一系列合规问题，常被指责商业腐败、违反环境法规、社会责任承诺，存在金融欺诈行为，参与洗钱等。

六、中国合规监管体系未能防范违规风险的原因

中国企业原有的管理体系基本健全，反腐败由纪检监察，内部问题有内控体系。可是为什么中国体系没有识别出这么多的违规事实，也没能够遏制这些风险呢？我分析有以下几个原因。

第一个原因，中国企业不熟悉、不了解世界规则已经发生了改变。刚提到"冷战"结束后，全球市场出现，跨国公司转型为全球型公司，开始打造全球价值链，实际上改变了过去的竞争方式，同时强化了合规文化，改变了企业的规则。而中国企业特别是国有企业，在走向世界的时候，不清楚世界规则变了。

20世纪90年代中国对外投资很少，一年就20多亿美元，加入世贸组织以后开始逐步增加。中国企业对外投资的转折点在2008年，2007年中国对外投资是200多亿美元，2008年翻了一番还多。2008年国际金融危机导致各国经济低迷，中国采取了一些措施变为一枝独秀，而且国力大大增强了。从合规角度来讲，2008年也是一个转折点，刚才讲的西门子案就是2008年12月18日发生的。在那之后各国均加大了合规监管力度，2010年美国出台了《虚假申报法》，鼓励举报，举报公司违规成功者可获得罚金的30%作为奖金。2017年和2018年美国一共付出了4亿多美元的奖金，奖励那些举报者。2011年，英国开始实施《反贿赂法》。

在这个转折点，国际规则变了，国际跨国公司开始有所收敛，而且确实在改善。而我们的企业在大规模"走出去"的时候，不知道世界上的规则变了。我们研究所属于研究跨国公司起步比较早的，西门子案发生的时候我是他们的顾问。我们在2008年年底到2009年开始研究合规，可是这个时候中国企业已经开始大规模"走出去"了。

第二个原因，中国原有的体系不适应新的风险。如果某家企业到海外为了拿订单而向当地的官员行贿，那么在国外是严重违规的，而中国现有的体系中没有专管这个事的。如反洗钱，以前把钱放到银行，银行明知道是黑钱仍然会接受，这叫洗钱。但现在只要是黑钱，不论银行是否知晓，都算洗钱。国外非常看重虚假陈述。

此外，中国的风控体系、法律体系以及内控体系等都管部分合规，但是缺乏协调，更缺乏预见性。中国缺乏一个机构研究合规的新问题和新动向。之前我的一位美国朋友向我透露，美国有意对中国飞机制造商进行调查，美国相关的动向会先造舆论，以后有可能向中国飞机制造商发难，然而中国企业没有渠道了解到这个信息。飞机生产依靠国外的零部件比华为还多，2/3的核心部件是进口的，如果真的发生管制，那么造成的影响会非常大。所以我觉得原有的管理体系没有专门做合规的部门是不行的，还要做整体协调。

第三个原因，中国企业的运行机制不完善。过去的企业考核中，业绩考核主要考核业绩的量，但是不考核业绩取得的渠道。葛兰素史克制药公司曾经收到了中国政府的处罚，被罚了30亿元人民币。他们涉嫌向医生以及医院的采购员行贿，最后被查证了。如果只考核业绩而不考核是否合规，企业就会出问题。特别是如果企业领导者缺乏以身作则、诚信合规的模范行动，企业出现的问题会更严重。2012年以来的反腐败行动，多达20多家央企的一把手或者二把手被抓，这些领导都没有做好良好的示范，整个企业的运行肯定会出问题。

特别重要的是企业缺乏合规文化,我这里讲的文化不是指文化活动,而是指一种看不见、摸不着的行为规范,是下意识的行为规范,是用价值观指导的行为。在我调查的企业里面,好企业强调进取,但是对规则强调也不够;差一点的企业投机取巧,挣快钱,绕开规则;再差一点的弄虚作假,违反规则;最差的企业盛行潜规则,破坏规则。潜规则是合规的天敌,所以中国企业的合规问题有管理的问题,有缺乏经验的问题,但是文化问题是最大的问题。我认为只有经过新一轮合规文化的洗礼,中国企业才能真正转型升级,这也是为什么我认为缺乏合规竞争力是中国打造世界一流企业的主要关隘,我们缺的就是这个软实力。

七、如何推动合规管理建设?

我认为,推动合规,首先可以从化解合规风险入手。我有时候给企业领导讲课,我说,首先要看到不合规会面临巨大的风险,如果出了事,就会出现像中兴、华为这样被揪住,现在还解不开的情况。企业要认识到强化合规是为了化解风险,但光认识到这个是不够的。2019年虽然中央文件也下发了,但有些企业仍动作不足。据我所知,这是因为很多时候法律部的人很着急,但是领导并不着急,认为只是增加一个风险而已。光看到风险还不够,我认为,合规跟以前的风险管理有一点很重要的不同,那就是合规会从企业管理角度,对企业整个管理体系进行再造与转型升级。

刚才已经提到,中国原有的各个部门实际上都承担了一部分合规职责,但是现在要求通过建立合规体系,把这些职责统一进行系统的协调,形成大合规的格局。从合规这个角度来管理企业,实际上比起原先的管理方式,进行了转型升级。然而,其中特别重要的一个不同点就是,合规管理重构了企业文化中的合规意识,其他的管理方式一般到不了这个层面。比如内控,不存在内控文化的概念,但是合规会涉及文化层面。我一开始就提到，合规与合法有区别，二者虽紧密相关，但是合规的范畴比合法更宽，要求更高。合规中存在一个道德规范的价值观。我在研究跨国企业的过程中发现，有些跨国公司就提到要用最高的道德标准来运行企业。我到中石油去讲课的时候，中石油有一个党委书记领着我参观他们的文化展示，中石油文化特别强调奋斗，他们重点推广铁人文化。但是参观之后，这位党委书记向我表示，他们仍缺合规文化。在反腐败调查中，中石油9个党组成员里有5个被抓，还有40多个司局级的管理干部被调查出问题。这位党委书记让我给他的干部讲合规，他非常明确地认识到他们的文化很好，但还缺了合规文化。中石油是央企里最早推动合规的，2014年就开始推动了，并且把2015年与2016年作为合规管理年。我在中石油总部讲完一次课以后，二级公司的培训也推动起来了，有30多家请我去授课。后来我的主要助手都去了，从乌鲁木齐的哈密油田，到东北大庆，他们的执行力让人佩服。国资委管理世界一流企业由改革局推动，但一流企业必须把软实力建设推动起来。这就要求合规不能只由法律推动，还需要领导班子关注，现在这是转变的一个重点。

我还想说明一点，这两年中国企业发展得特别快，规模越来越大。《财富》杂志每年发布世界500强排行榜，2001年只有11家中国企业进入了世界500强，之后上榜的数量陆续超过了英国、法国和德国，到2011年超过了日本，今年（2019年）居然超过美国了，中国129家，美国121家，中国的129家企业中包括10家台湾地区的企业。中国企业进步确实大，我常年研究跨国公司也没有想到中国企业总量已到这个水平，但我们仍应该看到中国企业在合规竞争力方面的不足。在2018年公布的2017年排行榜上，有8家中国企业掉出了排行榜，到2019年有4家又回到了榜单上。另外4家再也没有回去，这4家企业分别是海航、安邦、华信和大连万达。

企业如果没有合规竞争力，就算是进了排行榜也没有用。我总结过，中国改革开放40多年中，企业发展大体能分三个阶段。第一个阶段从改革开放到加入世贸组织，中国企业从无到有，很多企业都是在这20多年间建立起来的。第二个阶段是加入世贸组织到2019年，近20年时间，中国企业从小到大，前述的排行榜显示得清清楚楚。而第三个阶段则是从现在到未来，一个重大的挑战就是中国企业如何从大到强，强不只是硬件强，还包括合规软实力强，我们要打造一流企业。

我认为中国现在推动合规有一个非常好的外部环境，那就是中央各级政府部门都在推进合规。中兴第二次被罚的时候，合规委的专家就被召集起来讨论应对措施。我们研究所写了一个建议，不管美方怎么处理，中国企业都应该通过这个案子看到合规的重要性，从而加强合规管理。中央领导非常重视，李克强总理做了很好的批示，明确提出要求四个部委在经营中遵规守法，既要避免授人口实，又要防范风险。企业强化合规经营意识应该是企业"走出去"的前提。

在这个背景下，发改委牵头起草了《企业境外经营合规管理指引》，于2019年12月26日发布，并且增加了外汇局、人民银行和全国工商联，增加工商联是为了把民营企业纳进来，增加人民银行、外汇局是为了把金融的合规也纳入进来。各个部委中，国资委在合规上起步得最早、最快，2016年拿5家央企做试点，组织了19家央行法律部的领导到美国考察学习了20多天。当时我们研究所也非常有幸参与，从头到尾帮忙协调或者翻译。通过学习，总结国内经验起草了一个文件，中央指示后出台了《中央企业合规管理指引》。这个文件针对的对象主要是国企，并且形成了要求，而且不只是停留在倡导层面。所以我觉得在推动中国企业合规中，国资委确实是做得最得力的。

习总书记的指示特别重要，习总书记说，要在合法合规中提高企业竞争力。2019年，习总书记在"一带一路"峰会上也做了指示，认为企业在项目建设、运营、采购、招投标等环节都应该按照普遍接受的国际规则、标准进行，就是刚才讲的国际通行规则。对于非国际通行规则，习总书记也说了，要同时尊重各国法律法规。

虽然现在中国企业推动合规面临比较大的外部压力，但是有着良好的改革环境，从最高领导到国务院领导，再到各个部委，都在推动合规。中纪委已经办了两期合规培训班，最新一期有100多家国企参加，其中70多家是央企。

我们曾经发动了50多个合规官，来自国企、央企、民企和外企，一起讨论如何建立有效的合规管理体系，依据有中国的国家标准，也有美国、英国、法国的规则，实际上已经取得了一些经验。吉利公司当年收购沃尔沃，李书福总裁发现沃尔沃的文化和吉利的文化不同，他向我询问如何加强跨文化管理。我向他表示，跨文化管理范围太广，我能力有限，帮不上忙，但可以帮他做合规文化的建设。我们团队在2014年年初帮他制定了制度行为准则和组织架构，我向他提议设置一个首席合规官，他当时和公司的党委书记商量后就决定设立了，但是现有的其他中国企业不一定会这么顺利。吉利经过那次努力，把体系基本搭建起来了，并且运行了两三年。2017年年底，吉利收购美国的飞行汽车，这款车技术含量高，跑的时候张开翅膀可以飞起来，正常的并购安全审查是由财政部的机构负责的，审查之后还要让军方军委参加，进行合规审查，逐项排除后军方开出证明，证明这家公司是一家合规的公司，不反对收购，这样才算完成全部审查了。2017年美国已经加大了对中国的监管，2018年吉利又收购了戴姆勒，美方审查是否存在违规的事件，默克尔作证，说吉利斥资90亿美元入股戴姆勒，没有违规手段，并购审查没有问题。吉利的合规意识非常强，找了三家外国律所制订方案，选了最保守、最稳妥、最合规的方案，也是最费事、最费钱的方案。吉利公司对合规很重视，他们请我参加了第十三次合规管理委员会的会议，会议主要讨论把合规文化作为吉利三个核心文化之一。

我曾经问过吉利老总他对合规的认识，最早他认为合规就像开车，技术高还需要遵守交通规则，否则就要出事。后来他认为合规承载着吉利的梦想，是吉利的基础设施。一般把硬件作为基础设施，而他把软件作为基础设施。吉利的合规软实力在海外成了一种竞争力，一般国外银行向其发放的贷款都是最低的利息，现在吉利一般的收购都不会有障碍。

吉利的例子表明了企业要有合规体系。合规体系有四个支柱：制度体系、组织体系、运行机制、文化建设。建立合规体系最重要的就是调查、研究、识别合规风险。接下来是根据风险导向，健全完善制度。管理协调就是管理架构，从最高层的合规管理委员会到首席合规负责人，一直到合规管理部。有时合规管理部会和法律合规部合并，国资委的文件写得非常灵活。完善运营机制，包括考核、查处、举报等机制。

合规体系运行一段时间后就要进行再评估、改善，从1.0升级到2.0，持之以恒，若干年就可以形成合规文化。我觉得这样一个闭环若运行起来了，那么合规体系就建起来了。这样说起来似乎非常容易，但是真正实行起来需要耗费好几个月，每年还得不断地更新。在残酷的竞争环境下，这些工作都是无法避免的。

迎接全球企业竞争的新挑战，中国人有一个优点，下定决心推进一件事时执行力非常强。吉利这样一个民营企业的老板都可以做到这种程度，其他中国企业只要做就一定能做好。如果良好地实施合规管理，就能够创造发展中国家企业成长的新经验，实现跨越式发展。

合规，往往是独行快，众行远，一家企业做不成，必须大家一块儿来做。2017年我们发起成立了全国企业合规委员会，这项工作也得到国资委法规局和其他部委的支持。后来在中国贸易促进会的牵头下，成立了全国企业合规委员会，贸易促进会的主席担任合规委的主席，中国企业联合会是副主席单位，我们研究所是发起单位。2018年合规委举行了大会论坛，发布了企业合规倡议，有400多家企业参加，包括国企、央企，还有大型民企（如腾讯、联想、吉利），以及跨国公司（如微软、IBM、戴姆勒），大家一起探讨合规，促进合规。

其实从教育、培训、研究的角度来看，中国政法大学的管理学院也是推进合规非常重要的一个场所。发改委主管合规的司长和我讨论过，他认为要把合规做下去，大学要设立合规的专业。虽然合规和法律密切相关，但是确实有些方面不太一样。我们研究所和合规委的其他单位都在努力，人社部也在沟通，希望把合规管理作为一项职业。很多跨国公司的管理岗位都不缺人，但是合规岗位缺人。央企中合规机构建设得比较好的是中国中铁，有300多名合规官，还有5000多名合规联络员。中国有3500家上市公司，一家一名首席合规官，就得需要3500个岗位，更何况还需要普通的合规官。我们也非常愿意和刘院长合作加强这方面的培训、教育、研究，也欢迎在座的老师还有同学更加关注和参与合规。

点 评

刘纪鹏：王志乐教授把合规问题从概念到体系讲解得都比较透彻。合规问题涉及的方面太广，涉及很多政府的问题，如竞争中性、补贴，还有行业准入。把中国特色模式以及中国道路和国际规则融合在一起，与上市公司、民营企业、国有企业、国资委和政府等都有联系。企业和事业单位的一些合规问题，现在也避免不了。

所以我认为，王志乐教授讲到的"Compliance"这个词，今后的前景非常远大。我们中国政法大学也在考虑从合规方向进行招生。

李冰：合规经营是当前的热点问题之一，我觉得也是法商高度结合的课题。我来到这儿是想进一步思考和了解合规经营的各种知识、趋势和方法，我谈三点体会。

第一，合规经营是世界潮流，刚才王志乐教授从合规、合规风险、合规竞争力的概念讲起，特别介绍了合规经营和管理国际化的趋势，我认为这是一个全球趋势。实际上据我了解，从20世纪70年代开始，一些发达国家和组织，如英国、法国以及OECD，都在合规经营方面做了很多的努力。今天在合规的概念上，我确实又有了一个全新的认识，"规"不仅包括法律、规则，还包括承诺，而且王志乐教授进一步谈到了国际通行规则和非国际通行规则。特别是非国际通行规则，这往往是我们最为关注的，这里面包含很多甚至发生于国与国之间的差异和利益的博弈，全球发展趋势下各种理念和各种利益的较量。当然，正如王教授所强调的，不能以非国际通行规则背后的利益博弈来忽视中国对国际通行规则的重视和在这方面的努力。

第二，合规经营的重要意义。我认为合规经营是推进国际化经营和实现"一带一路"构想的客观需要，更是实现国家治理体系和治理能力现代化的重要内容。党的十八届三中全会明确提出，这一轮全面深化改革总的目标是完善和发展中国特色社会主义制度，推进国家治理体系和治理能力现代化。国有企业的治理是国家治理的重要组成部分，合规经营和管理确实是国有企业，乃至中国所有企业，都要建立起来的。站在这个高度来认识，就如刚才王志乐教授所提出的，上到习总书记高度重视并且有明确的指示要求，下到企业，都应该努力实现中国企业在合规经营方面的跨越。

第三，合规经营企业行动。合规经营实际是企业的基本属性，而合规文化是合规竞争力的重要基础。中国企业现在面对的国际化经营遇到了不少困难，对于开展经营业务的中央企业来说，合规经营的要求也很迫切。巴赛尔银行监管委员会早在若干年前就提出金融企业合规经营的要求，所以合规经营这个课题是躲不过去的。

那么如何开展？国务院国资委已经在2017年印发了《关于合规管理的指引》，我觉得很重要的首先是从管理层高度重视，自上而下，当然也要推动自下而上的全覆盖。从制度建设，到科学管理，再到日常经营，都应该把它涵盖其中。我认为今天王志乐教授的这些内容对中国企业更好地

第三篇
增强合规竞争力，打造世界一流企业

做好合规经营是有很大帮助的。

我还有一点感想，合规经营既是企业的事，也是政府的事。政府要更加有效地推动这项工作，特别是积极地参与国际规则的制定，包括研判非国际通行规则的各个要点，建立有效的运行机制，同时在深化国企改革的过程中既要坚持中国特色，又要适应国际规则。《关于深化国有企业改革的指导意见》提到：深化国有企业改革要适应市场化、现代化、国际化新形势。

刘纪鹏：我想穿插着先问一个问题，Compliance Management 和 Compliance Operation，这两个英文表述有什么区别吗？都是用于企业吗？监管部门要用哪个表述呢？

王志乐：一个表示动态，一个表示静态。国务院最近刚出台一个文件，内容是关于如何加强监管的中后期改革的，就是关于监管的合规问题。我们最开始研究合规的时候，重点关注企业合规经营，但是通过几次和政府的沟通，我发现有些政府部门已经进行了合规方面的培训。例如，有个地方的税务局局长给税务人员讲课，给每个人买了一本我们研究所出的书。一个地区的税务局有900多人，如果税务局不合规，甚至局长不带头合规，那么税务官员非常容易出现合规问题。每名税务官员管理100家企业的纳税活动，可能就会接受企业的行贿。税务局接受了我的建议，并且看了我的书，改变了内部制度。改为几名税务官员共同负责1000家公司的税收，其中有2个人负责前期评估，2个人负责审核，2个人负责收税。这种安排下，行贿的可能性就非常小了。那个局长曾经询问过我，合规管理能起到良好作用，为什么只要求企业合规而不要求政府合规呢？我当时的回答是，如果一开始就关注政府合规，那么我的研究就很难到现在的程度。我认为实际上很多政府官员都了解合规，现在推动的是企业合规经营，那么将来可能也会涉及政府合规行政的问题。

一旦企业和政府互动起来，中国的整体经营环境就会变得越来越好，所以我觉得我们还是需要一步一步来。现在中国企业的影响力非常大，如果企业能够起到良好的带头作用，继而推动政府合规管理，那么中国就会大大进步。

林庆苗：听完王教授的讲座我特别受启发，简单地说两点体会。

第一点，在推动中国企业进行合规管理方面，我们国资委是有责任的。就我个人而言，我到政策法规局的时间不长，但我发现中国企业在合规管理方面真的是任重道远。刚才王教授分析了中国企业为什么会碰见合规问题，已经说得特别清楚了，但我还是想按听完后我个人的理解稍微捋一下。

中国国有企业在早期时基本上没有法律的概念，政府让怎么干就怎么干。进行市场化改革之后就产生了交易，必须主体平等，慢慢开始有了法律的概念，逐步学习如何利用法律手段维护自身利益。企业市场化改革之后，再往前发展，国家整体改革开放的局面形成以后，中国企业就进入了国际化。我觉得大多数中国企业现在还只能说是国际化，只有少数企业可以算达到了全球化。一到国际化的阶段，企业就发现了很多之前没有碰见过的问题，如合规问题以及国际通行规则和非国际通行规则的差别。

我的一个总体感受就是，中国企业搞合规管理，其实是企业改革发展走向国际化过程中会碰到的问题，或者说企业逐渐地发现合规管理成为一个企业经营发展所必需的最基本的生存技巧。合规管理得不好，企业可能会面临"休克"，甚至死亡；合规管理得好，则企业会形成合规竞争力，可以真正达到世界一流水平。

我在听完王教授用许多生动且深入的案例向我们解读时，深刻地意识到了中国企业的现状，感受到了我所处的机构在合规管理改革中所承担的职责，感到合规管理迫在眉睫。

第二点，我感到一丝丝欣喜，我在中国政法大学学习的法律基础可以起到作用。刚刚提到过中国银行，中国银行现在被认为是国际化的，但是

20年以前它叫专业银行，主要经营外汇业务，它的分工与定位很明确。中国银行在国外有几百个分支机构，在与中国没有建交的国家或地区就设立代表处。它在20年前就把法律部改名为法律合规部，是有超前意识的，这与企业的定位和经营是有关系的。

今天中国企业多数已经认识到合规的重要性，有的企业还做得不错。对此我感觉到一点欣喜，我们法律人能在这个时候做出独特的贡献。合规和法律关系特别密切，需要我们法律人进一步努力，将其结合起来，包括在企业运营管理过程中把这些事情融会贯通起来。

现在国资委直接管辖的97家中央企业里，有80家企业的法律部门同时担负着合规职责。

李欣宇：王教授的那套书是国内最早、信息最真实也最详尽的关于国际合规的教材，几年前我就仔细地拜读过，当时就对王教授非常钦佩。合规管理既是一个管理学的问题，又是一个法律领域的问题，是非常经典的法商管理问题。我想总结刚才王教授讲座过程中提到的三方面内容。

第一方面，合规管理要帮助企业提升经营管理能力，要实现转型升级。现在合规管理可以说已经成为现代企业管理重要的组成部分。它注入了以下几点改变和革新。

第一点，它改变了中国传统企业经营的价值目标。中国企业原有的经营价值目标是盈利最大化。但合规管理的理念、制度、体系的出现，使得现代中国企业经营管理的价值目标变成了双重目标。盈利最大化的目标不变，同时还多了一个新的目标，就是降低法律风险，要安全持久地经营。

这个价值目标的改变也不容易。虽然合规管理有收益，可以避免罚款、监禁、资格取消，但是合规管理也是有成本的，包括人员、队伍、资金、审批时间的浪费，合规培训要花费大量的时间，而且重要的是丧失了一些唾手可得的明显可以盈利的商业机会。这个时候就要有所取舍了，这是对企业经营管理的一大改变和一大创新。

第二点是合规管理有独特的管理领域。在公司治理机构中，传统的治理结构包括董事会、监事会、经理层、审计部门、财务部。但是合规管理有一条单独的线，自上而下是合规管理委员会、首席合规官、合规部、合规人员，有自成逻辑的队伍和管理机制，来制定合规规则，合规风险的识别、应对、责任追究、考核评估、合规文化、合规培训等是单独的一个管理领域。

第三点是合规管理权重提高。我们看到了阿里巴巴的"月饼事件"，看到了京东的反腐公告，可以发现，合规管理已经成为企业内部管理以及内部治理的一个重要手段。

第四点是合规文化。一旦合规企业守法经营，那么持久地诚信守法，会为企业树立起社会责任和品牌形象，这样才能够增加无形资产，才能够经营得越来越好。

这四点就是合规管理给传统的企业管理带来的创新和改变。

第二方面，虽然合规和法律有重合的地方，但是仍然存在一些不同点以及创新点。

第一点是合规管理的范围。经典的范围窄的小合规其实就是反腐败、反不正当竞争以及反垄断。当然，大合规在此基础上，可以加上出口管制、反洗钱、知识产权保护、个人信息保护、网络安全、产品质量等，还可以进一步加上刚才王教授谈到的企业价值观。如果企业要环保、要平权、要妇女保护、要可再生资源等，可以把价值观加上去，这就要求企业的经营管理活动也要符合价值观，这样合规范围就很宽了。

还有中国当下的理论和实践问题。十八大以来中国政治领域的主旋律是反腐，党规党纪现在是一条特别有效的管理制度。我想跟大家商榷，在中国党规党纪属不属于合规的范围？答案是肯定的，由此可见，合规的范围是非常广的，包括小合规、大合规，甚至是党规党纪。

第二点是对经典的法律领域产生了不同程度的冲击，或者说是创新。而合规的处理方法和解决手段与传统的法律是不一样的。现在社会主义的

16 字法律方针是"科学立法、严格执法、公正司法、全民守法"。只要有合规管理体系，很多情况下很多国家是可以减轻处罚的，如美国联邦的量刑指南。

第三方面，我想谈一下国际合规竞争的问题。刚才王教授谈到了《美国陷阱》，我给大家推荐一本今年（2019 年）8 月份出版的新书，叫《隐秘战争》，是法国人写的。书中谈到一个非常重要的问题，就是长臂管辖，是指美国利用它国内的法律来约束和管理其他国家的企业和经济组织。长臂管辖的最低联系原则就是，只要使用美元计价，就都可以由美国管，美国成了世界的警察和世界的法官。书里提到的很重要的一点就是，为了实现美国企业的利益，用美国的情报机构和美国的检察官进行精准打击，也要收集情报，实现反腐等一系列复杂的目的。

所以就刚才说的政府的关系，国家要注重关于长臂管辖、关于各国之间管辖竞争的问题。中国也应该有所作为，有一些具体的措施。现在国际竞争有一个超高竞争，各个国家都在竞相进行合规的竞争，中国也不应该落后。

吕良彪：我谈谈来自实务界的学习体会，我们从 2006 年到 2010 年连续搞了 5 届企业法律风险管理国际论坛，刚开始是法律风险控制以及防范，后来是控制与管理。

法律风险管理国际论坛举办了 5 届后，我们发现了一个瓶颈，法律风险提出来以后，法律风险识别、法律风险预警以及法律风险"治疗"包括"手术"，怎么落实下去？很难有抓手。听完今天的讲座，我认为合规管理就是非常好的抓手，它可以把服务产品化地落到实处。

另外，合规的"规"包括什么？其中一个是外部的法律、法规、规则等，包括如何参与国际规则，还有王教授讲到的企业内部规则。之前提到的合同与法律的区别和联系，合同是私人之间的法律，法律是公众之间的合同。合同是零售的法律，法律是批发的合同。

当下实务界在做的重要的合规是刑事合规，在全国处理了 13 场关于刑事合规的问题。我们刚刚处理一个案子，一家药企要上市，可能涉嫌开增值税发票的问题。这个个案如何处理，是否涉及企业商业模式的问题，能否上市，这些问题都很重要，都需要明确。

从律师角度来看，合规审查依然是很难推动的一项业务。

政府能力其实是企业竞争力的一个后盾。马怀德校长一直致力于法治政府的建设，一个国家、一个政府的合规性是整个社会和企业合规性的一个后盾。

我希望法治可以成为我们的信仰，诚信可以成为我们的本能。

互动提问

问：我平时给企业做合规管理的时候，关注到其实合规这个概念对中小企业来讲也是非常值得关注的。但是我在管理过程结束后，开始思考一个问题：为什么中小企业明明认可却没有做到合规？我认为有三点原因，第一点是不知道，第二点是不熟悉，第三点是不尊重。

那么大公司，如讲座中提到的中兴公司，没有实现合规，究竟是什么原因？不知道？不熟悉？不尊重？还是其他原因呢？

王志乐：2008年中国企业开始大规模地"走出去"，当时国际规则正在改变，所以不熟悉与不知道是挺大的原因。得为中国企业做一点辩护，他们确实不熟悉最新的政策和规则。

当意识到有问题的时候，他们怀着一种侥幸心理，认为可以扛过去。美国要调查这个事并且已经发出信件让交代情况，这个时候要主动和美方沟通，而他们内部又出现了主战派和主和派。主战派认为能够扛过去，而主和派中懂"规"的人则认为这个事惹不起，要和美国和解。但是最后主战派占了上风，主战派设立了一个第三方公司，把货物卖给了贸易公司，然后贸易公司将货物卖给了伊朗，这是耍小聪明。我认为中国企业的合规意识不强，就算中兴耍的小聪明成功了，美国会说中兴卖给的第三方是贸易公司，不是最终消费者，中兴有责任知道第三方公司将产品最终卖给了谁，最终中兴的责任还是推脱不掉。当中兴做小动作的时候，这些文件都留下来了，被美国人截获并作为证据。所谓的主战派不仅没有成功，还遭受到了那么大的处罚。

我觉得出了问题并且意识到了问题，可以跟东道国磋商，承认错误并且表示愿意纠正。我为什么那么强调中国不熟悉？我跟外国人对话的时候提到，他们不能太苛求，好多时候中国人并不了解情况。我觉得这个时候要说一点软话，不要总跟人家扛到底。中兴就是个案例，当时如果听从合规官的建议，也不至于闹那么大。

现在中兴就改革得很好，现行制度非常严密。中兴过几天就要开一个大会，总结一年来的整顿情况。他们表示要向西门子学习，总结这个过程，并重新强大起来。这次改革之后，中兴的股价上涨了。我认为其实中兴从上到下的状态还挺不错的，我觉得一个企业吃了一个亏不可怕，关键是得总结，西门子就是总结之后反而成了合规竞争力最强的企业。

纪鹏荐语

3

打造具有全球竞争力的世界一流企业，既是中国崛起的前提条件，也是中国企业和企业家的工作方向。尽管根据《财富》杂志的统计，2019年世界500强中来自中国的企业已达119家，仅次于美国的121家，但无论是一个国家的GDP还是一个企业的营业额，大并不意味着强。

世界一流企业的标志，正是当前国资和民资企业都普遍关注的重要命题。世界一流企业不仅要具备以技术创新为核心的硬实力，还要具备以合规管理为体现的软实力。以技术创新为核心的硬实力，大家都可以理解。但把合规运营作为企业实力的体现，人们远未熟知。

从颇具国际竞争力的中铁建被世界银行实施9个月禁令，到中兴通讯被美国政府罚款22亿美元，从阿里巴巴在美上市被指责卖假货导致股票下跌，到华为首席财务官孟晚舟于加拿大被捕，我们在揭露和痛斥"美国陷阱"的同时，切勿忘记反思自己是否了解国际竞争环境中达成普遍共识的规则，是否熟悉我们绕不开、躲不过的美国这个头号对手的规则和策略。

正是从这个意义上说，合规运营和管理既是当下贯彻"一带一路"倡议、"走出去"战略过程中中国企业最薄弱的环节，也是我们打造世界一流企业，政府官员和企业家必须熟知的工作内容。

什么是合规运营（Compliance Operation）？企业要不要设立首席合规官（CCO）？优秀企业和企业家必须高度关注，智库、科研单位则应重点研究，而以法科为主的大学是否要设立法商管理基础上的合规运营专业，亟待明确。产、学、研三位一体，培养中国企业的合规竞争力迫在眉睫，必须补上这一课。

企业合规之"规"包含三个内容：一是国内外监管机构的要求和规定，二是企业内部建立的相应的规章制度，三是企业的职业操守和道德伦理。而"走出去"的合规之"规"重点包括两个方面：一是国际通行准则，二是"走出去"所在国的非国际通行准则。

合规运营不是企业被动遵纪守法的行动约束，而是对"法无禁止皆可为"的主动完善，更是企业提升自我，讲伦理、重信誉、守道德价值观的企业文化的体现。

著名跨国公司专家、全国企业合规委员会副主席王志乐教授，以其多年来走访企业的鲜活案例，演讲《增强合规竞争力，打造世界一流企业》。王志乐教授是联合国全球契约组织第十项原则专家组成员、北京新世纪跨国公司研究所所长，曾在商务部国际贸易经济合作研究院任跨国公司研究中心主任，是国务院颁发国家有突出贡献专家证书和享受政府特殊津贴的专家。

中美贸易战背景下，企业合规的重要性愈加凸显，他主笔就中兴事件呈递的有关增强企业合规运营的报告，难得一见地受到几位领导人的同时批示。在此背景下，国家发改委牵头七部委联合发布了《企业境外经营合规管理指引》，国务院国资委则印发了《中央企业合规管理指引》，足见王志乐教授在企业合规问题研究上的前瞻性和重要性。去年（2018年）以来，他多次向我建议，在法商结合的背景下，在政法类大学成立合规运营方面的研究机构，而我所编著的《法商管理学》在他的建议下也增加了合规运营一章并由他亲自完成。

王志乐教授在跨国公司和企业合规领域是著名专家。理论是灰色的，生命之树常青，全球500强企业，他实地走访过120多家企业的总部，他的每一个学术思想都有鲜活的案例支撑。本次讲座他除了解读中美贸易争端背后的规则博弈，还将深入探讨"一带一路"背景下，企业合规管理中面对国际通行规则和经营所在国法律法规的不同做法。他将用大量案例解析七部委联合发布《企业境外经营合规管理指引》的现实背景，也将为企业搭建合规管理体系、设立首席合规官（CCO）等问题把脉解惑。

> 这期讲座在法学家、管理学家中掀起了一场讨论企业合规运营的热潮，无论是对有为企业家和管理者，还是对研究法律和管理的专家学者，抑或是对有志于在法商结合背景下把合规运营作为专业方向的同学，这都是一场不能错过的学术盛宴。

第四篇
中国道路下的国资改革
——以中美贸易争端为背景

蓟门法治金融论坛第 79 讲

主讲：刘纪鹏　国务院国资委法律顾问、

中国企业改革与发展研究会副会长、

中国政法大学商学院院长

王涌　中国政法大学民商经济法学院教授、

洪范法律与经济研究所所长

李建伟　中国政法大学商法研究所所长、

中国法学会商法学研究会秘书长

时间：2019 年 10 月 23 日

地点：中国政法大学蓟门桥校区

点评：李冰、周放生、吕良彪

致 辞

刘纪鹏：今天以中国政法大学内部学术探讨为主，又会涉及一些比较尖锐的话题。为什么说今天的话题非常重要？因为这个题目就是在习近平新时代中国特色社会主义的背景下提出的。新时代新在哪儿？中国特色特在哪儿？我自己大胆地写了，新就新在市场经济的背景下，特就特在要遵守中国国情。因为改革实践证明，无论是邓小平理论、"三个代表"重要思想还是科学发展观，都展现了告别旧的计划经济时代，在新的市场环境里让中国人富起来，一切的经济指标都证明了中国改革开放的成功。

新时代应往哪儿深入？我觉得就是应该继续把改革开放进行到底。"市场经济"这四个字不能丢，但是沿着市场经济走，除了构造市场经济的外部运行环境机制之外，还得有环境里面的微观运行载体，二者结合才可以实现中国梦。

载体怎么构造？中国国情是什么？我们要构建人类命运共同体，就要找到跟国际社会共识共融的地方，所以探讨中国道路下的国资改革至关重要。国有资本市场经济的融合，完全可以找到一条成功路径。在这种背景下引出了当前大家对改革往何处去、民营企业家怎么振兴以及国资改革怎么深化的探讨，但是这个探讨不仅需要借鉴国际规范和中国国情，还需要经济学和法学的协同作战。理论联系实际，国际跟国内法律及经济这三者结合，将是比我们过去单兵作战地探讨中国道路下中国崛起梦想更加有效的方式。

而且，副标题——以中美贸易争端为背景——特别复杂，到底美国在国际上代表的是什么？我们今天双方谈判争的是什么？什么地方可以妥协？什么地方需要坚持？中国道路下的国资改革在构建人类命运共同体当中跟国际社会甚至跟美国，在什么地方可以达成共识？

第四篇
中国道路下的国资改革——以中美贸易争端为背景

刘纪鹏：我负责把中国国资的现状跟大家介绍一下。第一，中国改革是否成功了？我想中国改革取得的巨大成功是举世公认的，40年的周期中，这么多的指标都说明了中国的成功，但是中国的改革成功在哪儿？无非两点，首先是市场经济改革目标的确立，但是像俄罗斯这些国家在改革目标的确立上都比中国更彻底，它们连所有制和存量都分了，为什么他们发展得不如中国，由此可见中国改革的成功肯定有其他因素。其次就是成功在方法论上，成功在我们改革的路径上。我总是说过多地谈论价值观没有用，正确的改革路径和方法才是中国改革成功的重要因素。也就是说光有美好的理想不行，还要有路径和方法。工程师往往强调性能比，经济学家考虑的是性价比，用工程师的思维和经济学家的思维描述方法论，可以展现邓小平的智慧，可以阐述中国改革方法论的要诀。从这个意义上讲，需要先用经济学家的思维算算账，一辆汽车在整个使用周期中能用多少次千斤顶，假设一辆车的使用寿命是15年，一年坏2次，那么一共用几十次千斤顶就够了。

改革的目标是让中国人富裕起来，让中国人过上好日子，但是我们支撑不了达到彼岸的成本。我们只有先做浮桥、木桥、石桥，才能知道什么是钢铁大桥，这样的改革思路方法论很重要。对中国革命和建设的实践令邓小平深深懂得打胜仗要有正确的方法论和指导思想。我归纳邓小平理论为"两论",一个是"摸论",一个是"猫论"。"猫论"谈的就是价值观;"摸论"谈的是方法论,不要争论,先做起来,只要在探索中保持足够的警惕,我们就可以随时调整。

我在几本书里都谈到过邓小平的"两论",我考察了"摸论"的来源,邓小平家乡在四川,山区多小河,通常人们会在水浅的河间摆上方石,平日踩着方石过河,夏日山洪来临之时,方石位于水下,人们卷起裤管随着方位摸着石头过河。理解了这个由来,就理解了邓小平的改革思想,就知晓了中国改革成功的奥秘。中国改革成功,在方法论上包括四个内容:第一,渐变稳定,摸着石头过河;第二,从易到难、由浅入深的正确改革顺序;第三,尊重国情,批判借鉴国际经验和规范;第四,内部主体主导改革,总体要相信强大的修复能力。

我写了一份关于习近平新时代中国特色社会主义思想的内参,我认为新时代思想包括四个内涵:党的领导、市场经济、有为政府,以及以国有资本为主包容其他资本的现代公司制度。在改革中,我们为什么说市场经济是生命?市场经济必然是来自不同生产者和交换者之间的交换,但是如果我们的所有制不变动,永远是中央所有,那么市场经济就会由于缺乏交易对象而搞不起来。

但是我们庞大的国有资产在改革前已经形成,根据国际上的教训,如果完全外部私有化,在存量上使用休克疗法,成本就会过高。首先腐败问题解决不了,如今天在困境中徘徊的俄罗斯。当年苏联是我们的"老大哥",是世界第二,中国崛起的156个工程都是它给的。今年两个国家的GDP是多少呢?我国13.6万亿美元,俄罗斯1.8万亿美元。我们中国人应该怎么做?要坚守市场经济,还要避免私有化,所以我们搞公有制内部的多元化,1个中央,31个省市自治区(不含港澳台),在近300个地区、市都建立了国资委。仅在政府层面,一个体现中央国有、地方国有的多元局面取代了一个中央所有,再加上各个国资委管的12万家企业,这种融合无疑将为宏观市场经济运行机制背景下的微观现代公司载体创造可行的条件。谈到有为政府的时候，我们既要借鉴西方，也要看到政府与市场的有形之手和无形之手，那能不能像探讨所有制一样展现中国的特色，从而与国际规范对接呢？我认为行，这些年我一直在研究这个问题。在研究政府改革的时候，我也看到了正确的改革顺序，价格放开，消费品价格、劳动力价格、资本价格等。关于企业改革，我们要先从放权让利开始，过去的企业就是一个个工厂，然后逐步扩大经营自主权，实行承包制，接着实行股份制，最终摸索到一条跟市场经济对接，搞活国有资本、国有企业的方式。

然而，所有制问题既是经济体制改革的深入，也是政治体制改革的揭幕，到底国家所有、全民所有由谁来代表呢？300多个国资委吗？一个抽象的政府吗？这方面是存在争议的，所以就需要政府去改革。如果我们今天的公有制、全民所有制还得需要政府体现，那么政府为了搞市场经济，既要当裁判员，又要当教练员。西方国家会认为我国政府与企业串通，会质疑我国的市场中性，从而产生一系列的问题。因此，中美贸易战背后牵扯的不仅仅是价格和税率的问题。

为了解决这个问题，我们就把国资委的性质定为国务院任命的非政府序列的特设机构。其他国家认为我国的国有企业不能跟市场经济对接，那么国有资本呢？国有资本在股份制的条件下，没有被量化到私人。在多元化存量不被破坏的情况下，我们把它聚合起来，实现公有制内部的多元化，如多重法人所有制构造的公司。谁说国家队不能参加奥运会，两种模式在效率上可以见高低。西方国家企业的背后，代表的是私人，那么我们的国有企业背后为什么不能是国家的国有资本呢？

组建国资委并不是由中国人提出来的。1988年我跟吴敬琏老师在一起合作的时候，他给我看了世行专家对中国改革提出来的看法，他们建议我国成立国资局这样的管理机构。但是，为了避免政府双重身份的弊端，当时他们主张把国资委挂到全国人大下面,与国务院并列,成立国产院,因为国资是全民的财产,国资委的预算对全民负责。但是当时我们没有采纳将国资委与国务院并列的建议。但是我觉得新时代下采纳这个建设的条件成立了,因为党是领导一切的。

此外,国有资本要兼容其他资本,我们就要建立法人所有权,这是我们法商学最难的"哥德巴赫猜想"。在十四届三中全会上,两名专家提出建立法人所有权的制度,当时有领导同志不同意,因为如果搞法人所有权,那么国有资本的归属问题就难以界定,是法人的还是国家的呢？我认为公司制战胜独资、法人所有取代自然人所有是必然趋势,法人所有制把资本主义推向了新阶段,而且也把中国特色的社会主义推向了新阶段,所以以现代公司法人制度为方向,探索公有制与市场经济的结合是关键。

下面介绍国有资本的现状。现在国有资产分为四大类:行政性资产、经营性资产、自然资源资产、国防资产。这里面最值得谈的是经营性资产。经营性国有资产又分两大块管理,一块是国资委,一块是财政部。2002—2004年,我们不敢给资本证明,今天到处是国有资本,但是我们的理论没有说明党是如何跟资本结合到一起的。

国资委下面有365个地方性国资委,央企97家。365个地方性国资委管的企业应该在10万家左右。

财政部分为以下几部分:政法司,各部门都掌管一些企业,包括旅馆、印刷厂,82个部委下面掌管着6000多家企业;科教和文化司合并后,掌管文化产业、媒体产业的100多家企业;金融司,下属27家金融企业,实体经济和金融现在被分在两块。还有3家非金融的央企归财政部管,就是铁道、烟草和邮政。

国有资本的数量现状是什么？中国政府是世界上最富有的政府之一,只要我们把改革开放进行到底,我们就有的是钱。以下数字仅仅按照账面净资产核算,没有按上市公司的市值核算。3700家上市公司中有1000多家是国有资本控股的，截至 2019 年 6 月末，97 家央企总资产达到了 195 万亿元，这 97 家央企下面还有很多控股公司，地方大概有 10 万家，总资产达 190 万亿元。中央含财政部和国资委的总资产是 84 万亿元，净资产 27 万亿元，地方总资产为 111 万亿元，净资产为 42 万亿元。当今世界 500 强企业中，美国有 121 家，中国有 129 家，这 129 家里面包括台湾地区 10 家、香港地区 7 家，大陆的企业有 112 家，其中央企有 48 家。谁说我们的央企效率极低，那我们就用以上数字来反驳他。

我们现在面临的问题就是国务院国资委的机构设置问题。国资委有 23 个职能部门，其中规划局负责国有资本的战略布局；资本局负责对国企的收益做分配，如哪些用于充实社保，哪些用于发展生产；除此之外，还包括改革局等部门，今天就不一一赘述了。

国资委的四大角色包括：国资战略布局与规划的主导者，国有资本经营预算的编制者，国有资本运营公司的管理者，国有资产安全的维护者。只有中国有世界上独一无二的国资委和国资法。

除了证监会执行的行业监管之外，还有像母公司对子公司的治理，国资委谈的是在特设的人大或者政府的机构下对国有资本进行非单一的统一的监管和布局，当然，这里追求的是国家利益最大化。

我们这次国资改革，从国企转向国资是一个伟大的战略转折，沿着过去传统的国企思路，我们很难往前推进和市场经济对接，我们也构建不了命运共同体，国资改革包容其他资本、在现代公司的背景下将国资融合于市场经济运行之中，这是人类命运共同体共识、共建的必要条件。

作为总结发言，在这种背景下我提出以下问题：为什么非要国资委和财政部两重监管？财政部管国资，现在也是财政部给国资预算，这符合国际规则吗？为什么非给某类企业搞补贴？民营企业、外资企业不是纳税人吗？财政部是裁判员，这个使命只有让国资委来履行才可以在人类市场经济共识的条件下突出中国特色。

王涌：本来今天我是参加不了这个会议的，因为我要去非洲的南苏丹，参加非洲兄弟的一个会议。

刘纪鹏：是"一带一路"的会议吗？

王涌：不是。我没有去的原因是那个国家刚刚结束内战，所以比较危险。虽然跟刘纪鹏院长辩论也非常危险，但相比之下还是比较安全的，我非常高兴，今天的话题是关于国资改革的，原来叫国企改革。

纪鹏院长说的几个数据，我不是太赞同，这么多国有企业进入世界500强，不是特别值得骄傲的一件事情。关键看进入世界500强的企业的利润是怎么来的，大多是通过对自然资源的垄断，特别是金融垄断而来的。

关于投资的效率问题，国有企业的投资效率低于民营企业的投资效率，这个从2009年的数据上可以看出。2009年国企的投资效率（民企叫净资产收益率）不到8%，非国有工业企业的净资产收益率在15%以上。您如果对这个数字有疑义，就可以问国家统计局原来的副局长许宪春教授，这个数据都是公开的。去年（2018年）这个数据发生了变化，民营企业，也就是非国有工业企业，净资产收益率开始低于国有企业了，今年上半年某金融机构的首席经济学家彭文生发表了一个研究报告，说明了非国有工业企业的净资产收益率开始低于国有企业的原因：由于私营企业、民营企业承担的负担越来越大，融资受到极大的阻碍，并且承担的五险一金成本巨大，法律风险、合规风险造成的损失是巨大的。像拳击赛一样，开始的时候民营企业很厉害，后来出于裁判员的原因，民营企业直接受到影响，收益率就低了。这个时候我们刘纪鹏院长站起来说国有企业赢了，这叫胜之不武。

刚才刘纪鹏院长的两个主要数据都不能成立，但是即便如此，我还是要为国有企业说两句话。国有企业在中国历史上做出了巨大贡献：第一个贡献就是在20世纪60年代，在苏联的帮助下我们建立了中国工业体系的基础，这个是不可抹杀的；第二个贡献就是从改革开放初期到现在，城市化的过程当中，基础设施的建设都是国有企业负责的，或者说是城投公司搞起来的。虽然现在国有企业负债达到了90多万亿元，但是这个不能算损失，因为大量的资金都投到了基础建设方面，基础建设本来就是公益性的，全社会得益。但问题是中国的基础建设基本完成了，或者即将完成，一个国家的GDP不能全是由修路组成的，所以接下来就得投资新产业了。

搞科技，最需要解决的问题是一定要在全世界的产业链中使中国摆脱原来的中低产业链，跃居到高端产业链。国有企业如果可以助力一把发生飞跃，就功不可没；但是如果决策失误，导致最后20年、30年产业链高不成低不就，那就麻烦了。国务院发展研究中心的陆承平在研究报告中说，我们的飞跃不一定成功，因为现在以越南为代表的这些国家很厉害。如果高不成低不就，我们的经济形势就会非常严峻。国有企业究竟能不能推动中国科技的发展呢？答案是肯定的还是否定的呢？

关于国有企业改革，刘纪鹏院长最大的观点就是国企应当做大做强。但是，判断一个国家的国资是否应该做大做强，一定是有条件的命题，难道我们反对国有企业做大做强吗？我们也不反对，如果国企、民企都做大做强了，中国就做大做强了。这个命题是有条件的命题，是关系的问题，国企能不能完成它所应当完成的使命，如果做大做强又没有完成它的使命，还把其他民企给挤掉了，那就成了历史的败笔。

针对这个命题，我认为以下三个问题需要明确。

第一个问题是国企做大做强对中美关系、对中国在世界格局中的关系会不会有影响。今天的副标题是"以中美贸易争端为背景"，刘纪鹏院长刚才的发言一直没有提到中美贸易争端，这是非常大的遗憾，为什么？我们跟美国之间的关系从长远来说是长期对抗的。美国最担心中国什么？美国担心的是所谓的"国家资本主义"，因为它认为中国搞的市场经济不是真正的市场经济，所以后悔当年让中国加入WTO（世界贸易组织）。美国认为中国现在与全球化的市场进行对抗，并不认为中国是合格的WTO成员，这是美国和中国走向抗衡非常重要的原因，当然，还有老大和老二之间经济上的抗衡，就是修昔底德陷阱，更主要的是体制上的对抗。如果我们坚持在体制上走国企做大做强的道路，那么我们的国际道路肯定会越走越窄。我们要权衡，我们需要的是国际生存环境还是国企做大做强呢？这是值得反思的。

第二个问题是关于科技的，国企到底能不能解决高科技的问题。有一种高科技是关乎国家命运的，特别是军事工业，这个通过国有企业的强化投入可能会有效果。现在中国把军事高科技通常定位在两个领域，第一个是核武器，第二个就是航空。但是科技需要有生态，国家的战略高科技是冰山一角，其他的体量非常巨大，能采用国企强化投资的方法进行吗？这样是解决不了的。而且顶端高科技也不是砸钱就可以解决的，因为它是科技新生态，很多得从基础的产业和基础的理论进行研究，而不是说砸几个钱就立竿见影了。所以，国企要解决高科技的问题，就要解决那98%，而不是2%，能不能解决那98%才是关键。体制上还是有缺陷的，因为国企总体来说是产权缺位的，所以面临的第一个问题就是国企的负责人存在严重的短期行为，而科技的发展是长久的、10年以上的周期。比如，我们第二代身份证技术研制了10年以上才研制出来，国有企业的负责人，通常3年一个任期，连任也就5年，他会冒这个险吗？他会投阿里巴巴、腾讯吗？不会投的。原因就是存在短期行为，这个新科技至少要发展10年而且是有风险的，而负责人的任期就5年，谁愿意冒着风险为他人做嫁衣呢？

体制上的问题就是九龙治水，国有企业面临的领导者与管理者非常多，涉及国务院、发改委、工信部，哪个领导提出了想法，国有企业的战略可能就要改变。国企负责人就是一个普通的管理人员，他没有长期规划的权力，这两个问题使得它无法在高科技的发展领域做出辉煌成就。

中国现在高科技领域、军事工业领域最需要的技术是什么？不是芯片，是引擎，飞机引擎。飞机长途跋涉需要的引擎技术非常高，但是我们就是造不出来，美国的通用可以造，英国的罗尔斯·罗伊斯可以造，我们只能向乌克兰买。之前我们雄心勃勃地想自己造，中央投资了2000亿元，建立了一个重型发动机总公司，然而最后一无所获，没有办法，只能向乌克兰的马达西奇的企业购买，最后赶上美国人捣乱，买不到。可以看出，国企没有解决高科技这个问题，反而造成了严重腐败。

5G的领袖华为是国企吗？不是。中石化创造了国企的高科技吗？也没有。

第三个问题就是国企跟民企之间的关系。国企做大做强对民企会产生什么样的影响？用一句话概括就是国企挤压了民企的空间。在就业方面，国企解决不了95%以上的就业人口，建伟同志还要做阐述，这个敏感的问题交给他比较合适。

刘纪鹏院长刚才所说的建立独立的法人和资本，管资本不管企业，我认为这都是概念上的问题。独立的法人资本无法解决国资或者国资委对企业的掌控所产生的低效率问题。

李建伟：我要讲的是国企存在的政商关系逻辑和平等原则，然后得出结论。

第一点，国企存在的政商关系逻辑。可以从多个角度解读国企政商关系，政治与经济的关系，政府与企业的关系，政府与商业的关系等，当下最重要、最核心的政商关系就是国企与民企、国资与民资的关系，现在我们也回避不了。在过去40年的经济改革中，我们经历了20世纪80年代金融机制的改革到最后的产权改革，特别是最后30年来国有企业的产权改革，那么改革的内容是什么？我们把国企概念淡化，从全民所有制企业到国有控股企业，一直到习总书记提出混合经济，这是伟大的进步。关于我们党执政的基础有一个说法——国企、国资存在的最大的意义是我们党执政的经济基础，我不反对这个说法，但是我认为党的执政的经济基础可能不仅仅是国企，我们还可以扩大到更大的领域。更大的领域是什么？这个问题我们等会儿再说。

我这里想到一个故事，抗战胜利之后，国民党政府把大规模的资产据为己有，将当时的很多民营企业合并为当时所谓的国有企业，原来数量并不多的国企一下子变得非常强大，当时最著名、最大的民营企业家荣德生先生悲愤上书，他说："接收日本纱厂后，全部改为国营，亦是与民争利，以后民营纱厂恐更将不易为也。"刚才王涌说了那么多国有企业的不好，其实荣先生一句话说完了。说到荣老先生的这句话，就不得不提著名的"费正清之问"，为什么中国的资本家、商人从来没有独立地登上过历史的舞台，而总是听命于帝王将相？

我们知道市场经济最基本的原则是平等，我们要实现市场经济在资源配置上的基础作用也好，决定性作用也好，无论怎么表述，平等原则都是第一位的。如果我们的法律不能平等地对待每一个人，那么市场经济的体制就永远建立不起来。众所周知，平等是自由的前提，无平等不自由，这个自由就是指市场经济的资源配置。刘院长总是在这个舞台上，尤其是在我不在的时候，批判法学家跟不上他的思维，其实他说的那些东西法学家早就提出来了，比如，用我们的民法语言来讲就是"个人的事个人说了算"，企业要企业自治，要经营自由。问题在于如果没有平等，没有自由，就难以建立市场经济。我和王涌教授在这方面的观点是一样的，巨量国有企业存在的情况下，平等原则很难实现，比如，1999年的《合同法》虽然是受到全社会、全世界赞誉的，但还是有瑕疵。

从我们传统教育的角度讲，不会有人反对对国家利益进行特殊保护，但是这个国家利益是什么利益？在司法实践中国家利益被扩展为国有企业的利益了。在竞争领域，巨量的国有企业的存在，公平竞争机制难以体现，我们看到了风险性。两年前《民法总则》通过的时候，这个问题得到了纠正，《合同法》第五十二条不可能再出现在《民法典》里面，这是巨大的进步。但是这个进步存在悖论，党中央、国务院在2016年到2018年期间发布了3个文件，内容包括弘扬企业家精神等，是以党中央强调的给予民营企业公平待遇为前提的。问题在于尽管我们的法律取得了进步，尽管党中央、国务院的政策认识到了这个问题，但是在竞争领域，在巨量的国有企业存在的情况下，平等原则很难实现的，因为国企的背后是政府，是国资委。一个人既是教练员、是裁判又是运动员，难道自己的孩子被别人打的时候，裁判要公平执法吗？他肯定要帮自己的孩子，这样的话政府就面临失职的问题，平等原则就很难实现，建立市场机制的根基就会被破坏。如果平等原则很难实现，那么民营资本就只能在夹缝中求生存。

过去40年，特别是最近10多年，民企获得了发展。2012年，1100万家民企与120家大国企的经济总量基本相当，1个国企抵10万个民企。就如刘鹤副总理总结的，民营企业创造了50%以上的税收，60%以上的GDP，70%以上的技术和产品创新，80%以上的城镇劳动力就业，90%以上的新增就业和企业数量。但是民营企业占国有银行的信贷资本只有12%左右。

对于国有企业改革，我还是赞同刘院长的观点，就是激进的改革不可取。改革涉及路径和模式的选择问题，我也赞成刘院长讲的"小平方法论"，这个是对的。还有政府改革要提上日程，由发展型的政府向服务型的政府转变。

关于国企改革有两个结论。一是我们党作为执政党，经济基础不仅仅在国企和国资，更在于所有的国民财富。在中美贸易争端的背景下，中石油的财产与华为的财产有什么区别？站在全民的立场上，站在执政党的立场上，二者不都是中国的财产吗？从贡献财富的角度来看，从促进社会稳定的角度来看，只要我们党全心全意为全民服务，全民财富就都是党执政的经济基础。

二是我们确实要进行温和式的国企改革，我的观点是理性发展极少数垄断性的国企，这个国企的范围比王涌教授说的范围大一些。我们要理性地、积极地、有序地令一些国企国资退出竞争领域，这个退出要遵循市场竞争的原则。我们要理直气壮地壮大民营经济，保证公民财富的合宪性与合法性。

刘纪鹏：现在我把中美贸易争端涉及的一些条款跟大家说一下，特别是有关所谓"国家资本主义"的事。美国是市场经济的老大，中国要构建人类命运共同体，只有在二者之间找到共治、共享、共建的融合点，中美贸易谈判才有希望谈成，因为两国元首都希望合作共赢。

美国挑起的贸易战，第一点，他们确实担心中国崛起之后对自由资本主义不公平。这次中美贸易战最大的特点就是，美国不再提自由竞争，也不再提全球化，而是要求公平。在市场的竞争中从自由到公平，这是中美贸易争端双方的第一个交火点，美国人针对中国的国有企业提到了四个问题。首先他们认为中国的国企没有竞争中性，我们最近也接受并加以完善了关于竞争中性的问题。另外的三个问题分别为行业金融问题、国企的补贴问题以及国有企业在国家财政力量支持下进行竞争的关系问题，然而我们在这几个问题上还没有大的突破。

中国40年改革的发展势头让美国人大吃一惊，他们没有想到当年那么不起眼的穷国，今天居然发展得这么快，创造出了奇迹。当初美国给了正处在产业链低端的中国一些帮助，他们没有想到现在中国能在产业链高端和美国竞争。

第二点，美国人认为中国破坏了知识产权的相关竞争规则。国企拥有很多政府补贴以及很大的话语权。美国人认为外国企业要占领中国市场，就必须将技术贡献出来，中国根据外国企业给予的技术来决定是否令其进入中国市场。我想这一点也是市场的准则，我们将这么大的市场给你，你长期在这儿获益，让我掌握技术也是符合情理的，所以这一点严格来说是平等竞争下各国都会遇到的问题。监管限制竞争，这个监管问题和行业准入的问题是一起的，我们的对外开放程度（包括金融方面）并没有像2001年时讲的那样，很多方面我们没有打开。所以在这一轮谈判中，令美国满意的结果是我们更大限度地全面开放，当然我们也在妥协。

第三点，是对高科技的恐惧。为什么美国这次对政府补贴，对所谓的不公平问题看得这么重？通过中国40年的发展，美国发现原来价值观认为必败的东西在中国特色的背景下发展得很好，甚至可以打败美国，于是美国就把这个归结为不公平。否则的话，我们国有企业这么低效率，他们还怕我们干什么！这证明中国模式中有很多可取的东西是传统原始资本理解不了的，他们理解的科技、经济发展的低效率在中国前40年没有兑现。美国人不仅看到了国有企业的低效率，还看到了国有企业的强大竞争力，看到了在未来竞争中他们将遭受的不平等待遇，他们深深地对中国国有资本感到恐惧。

公平和效率之间我们要如何权衡？这个悖论应该如何解开？我们既要从中国传统的旧体制里跳出来，又要避免照搬照抄西方的体制。这是我对国有企业的浅见。

今天的中国正在韬光养晦，中国要以举国之力发展高科技，这是大国竞争的本质。中国人总是讲发展高科技，如"中国制造2025"。美国为什么要打"死"华为？因为一旦在高科技方面让华为占了先，那么美国的统治地位就会受到威胁，从美元登上舞台算，美国成为统治世界的"老大"才75年。美国人完全是从大国竞争的角度思考的，对于所谓的市场经济准则，他们从大国博弈的角度阐述自己的观点。他们认为，中国加入WTO后的承诺没有兑现，中国的关税水平现在仍然比其他国家高，这就是不合理。

贸易谈判的内容主要包括：要求中方每年减少关税，保护美国技术和知识产权，不强制"三资企业"以技术换市场，停止对"中国制造2025"的补贴和支持，停止网络技术窃取，禁止仿制假冒等。既然今天以"以中美贸易争端为背景"作为副标题，中美贸易争端的谈判双方要往一起走，国企是问题的关键。

第一个是概念的问题，我为什么说王涌教授偷换我的概念？其实我的思想转变在于国企和国资根本不是一回事，这是一个虚心好学的经济学家研究中国改革40年才得出的结论。要建立强国资弱国企的中国改革模式，在我的眼里，国企并不能跟市场对接，中国的优势不在于有强大的国企。有些法学家认为国企低效率，他们看到的只是一部分。正因为中建材在竞争中有强大的国资，所以它成了带动几百家民企的世界大王，无论是技术还是效益都充分领先。那么中建材还是国企吗？在我的认识中，任何非国有独资都是民营。民营企业要提升，难道不应该提升、不应该上市吗？它上市之后，在法人所有权的背景下，作为独资股东或者是股东中的一个，和它的上市公司是一个主体吗？

我们的国企也一样，我为什么说任何非国有独资都是民营呢？改革已经改到今天了，国有企业难道不需要改革吗？我们为什么要提混合所有制呢？现在我们改革出现一切混乱都是由于没有把两个主体分开。传统的国有企业就是国有独资的企业，企业家是政府公务员。哪个国家没有国企？美国是最典型的拥有国企的国家，其中房地产业直到今天都是国有独资，这叫作纯国企。我们的国企也要集中由财政部管，且不以营利为目的，国企中的企业家是政府公务员，那目前哪些企业符合这些条件呢？我认为现在97家企业里只有2家够格当国企，就是中储粮与中储棉。比如猪肉市场，大家对此比较敏感，国家应该进行战略投放。我们进行辩论时，假如讨论当中概念不统一，那么显然大家的争论是毫无意义的。关于非营利性国企和公益性国企，主管部门是财政部，企业家是政府公务员，适用的法

第四篇
中国道路下的国资改革——以中美贸易争端为背景

律是国家的公法。

我们为什么花这么大的体力对营利性的国企进行改革？把过去这么多年提的国企改革改成国资改革包含重大的战略意义。国企低效率是因为国家需要公益性国企，原子弹就是我今天介绍的国有资产、国防资产，这类企业走的就是财政部的公共预算，就是吃补贴的，而不是到市场上竞争的，主管部门就是财政部。美国怎么对待"两防"，我们也怎么对待。中国改革的优势在于，在竞争领域里保持强大的国资，所以，以国有资本为主包容其他资本的现代公司，不管是外资还是民资，只要不是国有独资的，就是一般民商法人，遵守的法律就是我们说的《公司法》《民商法》，跟其他所有的市场主体是一样的。我们现在的文件规定，经营性国有资产要统一监管。如果让国资委统一监管金融和产业，也许就可以解决中美贸易争端的关键问题。

国企和国资的概念是关键，我的论点就是任何非国有独资都是民营，民营企业家要提升层面，不要老停留在家族企业层面；国有企业也要从国有独资提升到股份公司。

关于落实法人所有权问题，我们推出了《物权法》，大家有没有想过为什么要搞这个法？现在中国人的私有财产有多少？对于法商不落地，我很失望，法商应该到商学院来，没有经济基础，何来上层建筑？法律是什么？法律就是为经济服务的。关于法人所有权，国家的企业怎么实现法人所有权？美国是谁的？在世界500强企业中，大股东中只有三个人的股份超过了10%，剩下的大股东连3%都过不了。研究美国的所有制会把人带入迷宫，人家有大生产，私有制已经发生重大变化，对西方资本主义的研究过程是复杂的。在法人所有制的背景下我们判断美国是谁的，政治是财团的，财团背后是公司，公司背后是所有者，怎么判断美国的性质？

《拿破仑法典》为什么不承认法人？这个问题西方几百年都在争论。

个人有一份财产，同时企业也有一份相同的财产，后者就是虚的。这难道不是对西方物权法的挑战吗？两位法学家，你们面临重大的法学问题时，总让我们经济学家冲在前头，我们现在需要你们支援。现在的问题是我们今天已经改革并形成了这么多国有资产，难道还要让我们重新私有化？怎么保证在瓜分国有资产的过程中不产生腐败？中国人靠聪明才智把私人财产聚合成了法人财产，中国人的改革模式不是重复别人200年以前的路，今天我们保持国有独资社会化生产，我们通过股份制、多元化聚集成了能跟现代市场经济相融合的法人所有权基础上的公司，无非是因为我们背后的国有资本充足，我们有了资本我们党还怕什么，现代公司制度下有了资本还用怕什么？

王涌：刘纪鹏院长刚才提了一个法律史上的问题——《拿破仑法典》为什么不承认法人。这个问题对我方的观点是有利的，不承认法人是因为资本主义革命的时候，封建团体太多了，要彻底清除，所以彻底取消了法人，使得封建组织不能死灰复燃。这说明法人这个东西就是一个工具，你要用它的时候就用一下，不用的时候照样不用，拿破仑不用法人，企业发展得也很好，不赋予法人，拿破仑的法人也独立了，所以你这个问题支持了我的观点。

另外，回应中美贸易争端。中美贸易争端的第一个观点就是，美国在谈判当中对中国的压制是以所谓的"国家资本主义"为由的，我认为其实这只是一个借口，是妖魔化了我们，因为它真正恐惧的是中国未来有可能在高科技方面追赶上它。中国无论采用什么方法在高科技方面追赶美国，是采用所谓"国家资本主义"追赶，还是采用市场经济追赶，美国都是恐惧的。虽然美国是一个民主法治的国家，但是民族之间的利益是不存在善和恶的。中国真的可以达到令美国恐惧的程度吗？其实不会的，因为我们在高科技这个问题上，只在部分领域有效率。我们的高科技弱项非常多，虽然在过去10年当中科技获得了巨大成就，也多是以市场换技术，如高铁。而且，我们相当大比例的高科技的技术源头是被西方控制的。在未来我们要获得西方的高科技会越来越难。

未来中国高科技的发展不是短期可以解决的，我们要认清现在的国力，在制度上不能采用赌博方法，从长期来说还是要重点发展民企，特别是给高科技领域的民企宽松的发展空间，令其自由地发展。只有这样，中国高科技才可能真正发展起来。

关于国企改革现在采用的这几条路，即公私合营，要解决什么问题？是解决民营企业缺钱的问题，还是解决国有企业要扩张的问题？如果公私合营，那么国有资本到底是控股还是不控股？如果不控股，就是普通的投资，那么投资的钱的用途是什么？如果是作为国家类似于税收的一部分，那么还不如直接把钱放在民间市场，让它自由地竞争。如果控股，那么这里所说的"控股"是不是真的像我们所说的是社会化资本，是独立的公司法人，不会破坏民企高效的运行机制？这个恐怕做不到，因为所占股份一旦达到51%，就很可能会扭曲民营企业原来运营的模式。

而且我们现在的民企又大致分为两种：第一种是草根民企，白手起家，用自己的辛劳创造财富，没有靠国家和权力；第二类是高科技民企。这两类民企到底谁需要国家投入？国资委在十八届三中全会发布的文件中称，有些类型的民企中要设立特殊的国有管理股。国家特殊管理股这个概念是不是就是政府和社会资本合作（Public-Private Partnership，PPP）？你进去之后要干什么？由于国有资本介入了一个本来很有效率的自由竞争的市场，无论是控股还是不控股，都很难达到圆满的结果。所以我的观点就是，整体来说，高科技领域的座位是有限的，不如走富民的道路，当然，特别战略性的除外，至于PPP和独立法人资格，我认为这都不是改革的实质内容。

李建伟：截至目前逐渐地找到了共同点和分歧所在。我谈三点意见，第一个关于概念，刘院长刚才说概念不统一，但是必须指出，刘院长所说的国企不是我们现在存量的国企，国企有非竞争性的和竞争性的，刘院长讲的只有非竞争性的国企——承担国家特殊任务的中储粮。

刘纪鹏：我们存量的国企大部分要被改造成非国有独资的现代股份公司，这里面有一个分类，但是这个分类太大了，我希望再压缩。

李建伟：在这个核心问题上，三位老师并没有任何的认识分歧，不能围绕辩论制造敌人，所以关于这点的辩论，到目前为止，并没有任何分歧。我觉得刘院长也赞成我刚才所说的，在中美贸易争端之前华为和中石油没有区别。

我回答一下为什么并不赞成刘院长提到的从国企改革到国资改革。这个问题上刘院长是完成了一个概念的置换，并没有解决根本性的问题，因为国有资本有依存的主体，这个主体的名字，无论按照法律规定还是按照国资委的定义，肯定叫国企，有了国企还是要适用现在的管理体制的。

刘纪鹏：以国有资本为主的现代股份公司，只要在资产负债表大表内，就控制了公司。市场经济下得尊重资本，有了资本还愁什么？资本是实实在在的基础，不要在乎简单的名称、组织体，我认为有了资本就有了一切。还有一个问题，非得占股51%吗？非得那么保守吗？合并报表有多种方式，占股30%就能控制一家公司。

李建伟：在这个意义上我完全赞同刘院长的说法，问题在于如果国有企业的国有资本占股份，政府对这类企业以及民企都要公平。

刘纪鹏：只要实现这个跨越，国资就都融合了。

李建伟：但实际上实现不了，这就是悖论。我去年去一家央企的一级子公司讲课，也是上千亿资产的公司。讲完课之后，他们的老总质问我："现在军民融合、混合经济，我们在占有30%股份的前提下，如何实现对这个企业的继续控制？"他只有30%的股份，却问如何保持对这个企业的控制。我当时回应："你有没有问过持有70%股份的人的感受？国资想控制企业，占更多股份的民营企业同意吗？这体现了国有资本政治优越性已经深入它的老总的骨髓里，他认为持有30%的股份还要保持对企业的控制，这个政治优势从我们的管理体制到法律都有支撑。我们要改变这个局面，我跟他说："你应该这么问，我作为占股30%的小股东，如何不受大股东欺负？如果受欺负，我有权利使用什么样的救济机制，而不是如何保持对这个企业的控制。"如果有一天我们国企老总不再问这个问题，那么平等自由原则就基本实现了。这才是我们真正需要探讨的、应该担忧的问题，我们应该思考如何化解这个矛盾、这个悖论，我觉得要有新的突破。

只有我们在某种更高层次的意识形态上意识到，民营企业也好，国企也好，都是国民财富，都是我们人民的财富，都是国家的财富，这才应该是我们应该有的共识。

刘纪鹏：关于让国有资本退出一切竞争领域的说法，关于这个"进"还是"退"我们不能强制，任何非国有公司（即民营企业）都要遵守现代公司制度。国有资本是大股东，按照《公司法》的规定，大股东凭什么不能说了算。事实上我遇到的问题，正好跟你相反。我尖锐地提出一个问题：什么叫控股？有人说占股51%以上，还有人说占股30%，恐怕占股30%你也说了不算，如果那几个占股70%的是一致行动人呢？所以这个问题还有待讨论。因此对刚才提到的，按自由竞争原则，国有企业都得退出的说法，我是持保留意见的。我认为，公司制改组完成后，大家根据盈利状态，该退就退。

关于股权比例，为什么占股15%在西方就能控制公司？只要你是相对第一大股东，只要别人比你持股少，你就可以掌握治理结构，因为有了资本就有了话语权。我们国资改革能不能往这儿推进一步？分析3700家中国上市公司，第一大股东持股真正超过30%的有多少？国有企业只要转为国资，构建现代公司制，形成法人所有权，就能超越美国，这就是中国梦，人类命运共同体就建成了，大家会共融于市场经济现代公司制度下。

李建伟：我对刘院长的观点表示深切的同情、理解和某种程度的支持。我补充下，在中美贸易争端方面，我同意王涌的判断，这是关于民族利益之争，国与国之争。真正让美国感受到恐惧的是，将来战胜美国的是高科技，我们却把宝押在国企上，这个方向性的错误可能需要修正，我们只有把资源和政策的支持放在民营企业上才可以让美国感到恐惧和战栗。这个宝如果押错了，最后会既不强国，又不富民，这个是最可怕的结果。

刘纪鹏：在市场经济的民商法则中，任何非国有独资都是民营，所以你们两个完全复制了我的观点，我是支持强大的国企的。

李建伟：我们要考虑制度的成本问题，这个是深刻的问题，容不得我们做第二次选择，现在真正让美国战栗的，不一定是"东风"，而是华为的技术。华为当时在高科技领域脱颖而出，没有一分钱的国家投资，没有国资委的领导，完全是靠自己的力量在高科技领域取得非凡成就的，在任正非的一人之力下成为让美国人战栗的5G帝国。我于1998—1999年在华为工作过，差不多11个月。

刘纪鹏：华为是谁的？我们把国有企业改造成股份公司这种形态，跟华为有什么区别吗？这就是从国企改革转向国资改革的伟大意义，华为的特点和激励机制一定有内在强大的动力。

李建伟：用一句话归纳我的观点就是，我们要发展一个企业，不管这个企业是什么样的，都不能赋予其过多的政治内涵和任务，企业也难以实现其所负载的。企业存在于世上最大的作用就是创造效益，进行技术和制度创新，为他人、为社会提供产品和服务。如果不能创造效益，除了极少数行业，这个企业的存在是没有价值的。我最后归结一句话，真正值得我们尊重的企业是通过技术和制度创新，成为"世界500强"的企业，这也是我们全民族的希望和实现梦想的载体。

刘纪鹏：建伟今天提出了一个话题，就是关于国有企业是不是共产党的执政基础的问题。我在 2002 年起草《国资法》的时候,第一次听到人大常委会一位副委员长明确提到过这个话题。这个话题争议很大,建伟今天很巧妙地把它提出来了,建伟说不仅国有企业是执政党的基础,民营企业也应该是,都是家里人。我最初的建议是,建立强国资无国企的领导模式,但是没被采纳,后来改成弱国企,又没有通过。资本的改革要适应市场经济的方向,又要保持执政党的基础。所以我今天用一句话概括归纳习总书记的四个思想——党领导国有资本运营于市场经济之中。在这个意义上建伟说的对,也应该这样,将民营企业当作家里人,但是技术细节上又要能被真正理解国资改革的领导接受,因为现实中谁是资本所有者,谁就有话语权。国有资本是党的,市场经济就是要保护私有财产或者企业法人财产,法人财产神圣不可侵犯。我给你开工资,聘请职业经理人,资本一线牵,实现中国和国际市场准则的共融,使中国全面改革开放彻底走下去,而不能往回退,我觉得我这番发言才应该赢得真正热烈的掌声。

李建伟:我提出这个观点,其实是因为深刻领会了刘纪鹏院长这么多年的研究心血,有所正确的话,那也是他的功劳;有错误的话,也归因于他,有待于他来修正。但是我总相信,我们的党是全心全意为人民服务的党,它的经济基础就在国民财富上。

王涌:除了涉及国计民生、战略科技,如果说经营性的国有企业有存在的合理性,那么我认为这涉及中国治理结构深刻的问题,就是中国治理成本总的来说非常高,政府和官僚体系通过税收或者土地出让金还不足以弥补社会治理的成本,这是每个中国人必须面对的问题,有很多开支是无法通过公共预算显示出来的。这个是在全国各级政府都存在的问题,而且比例非常高,这块的预算是中国的现状,又是必须存在的。如果国资委让所有经营性的国有企业进行财务公开,就和上市公司一样透明,这可能吗?不大可能。上市公司的话,是公开的;国有控股的公司不可能公开。

在中美高峰会议上，美国人向中国提出一个要求，要求中国披露国有企业所有的财务信息，我们中方对此非常惊讶，这是涉及主权的问题。但是美国为什么要提这个要求？它就是要看中国国企财务的钱用在了哪里，是特殊的外交政策还是特殊的补贴。它看不透就产生了恐惧。我认为做不到彻底的信息披露公开，必然会有遮掩，这个问题既具有合理性又具有不合理性，这就是刘院长的观点里的深刻矛盾。

点 评

李冰：针对今天的题目我想谈三点。第一，三位教授知识渊博，从经济学到法学，从历史到现实，从我们中华人民共和国70年的历程到改革开放41年，进行了全方位的讨论，确实给了我很多启发，我也获得了不少在此之前没有了解到的一些知识和概念，很感谢他们。我也想讲一句话，有些观点我本人并不赞成，有些事实未必全面，但不是教授们的问题，是我们学术讨论需要这么一个氛围，需要对有些问题做一些带有学术性质的讨论，他们对国资改革的情怀和对当下国资、国企改革的高度重视使我很感动。

第二，今天的题目——中国道路下的国资改革——是一个非常重大的课题，与之相比肩的并不多，因为不仅牵扯经济领域、法律环境，也牵扯诸多我们体制机制的问题。在座的不少跟我一样是学生，或者将自己视为学生，我们看待问题时必须正视历史，必须考虑到中国特色社会主义。

8月30日（2019年）的中央政治局会议对外宣布，本月（2019年10月）将召开十九届四中全会，这是一个非常重要的会议，这次会议一个很重要的主题就是中央对治理体系和治理能力现代化的进一步深化提出要求和做出部署。党的十八届三中全会开启了全面深化改革的进程，总的目标就是完善和发展中国特色的社会主义制度，推进国家治理体系和治理能力的现代化。中国特色的社会主义制度是中国的现实，也是中国人民选择的一种制度。

如何看待这个制度？我想从事经济工作的同志都会牢记《中华人民共和国宪法》所明确的内容，我们国家处于社会主义初级阶段，我们坚持的是以公有制为主体，多种所有制经济共同发展的经济制度，并不排斥非公有经济更好地发展。国有企业改革到现在已有41年，我本人很荣幸曾在国家经委企业管理局工作过，开启了我从事国企改革和管理的进程，到现在34年了。刚才刘院长讲了国企改革的历史过程，对此我感到格外亲切，包括刚刚谈到的央企——中国建材，22年前我在中国建材待过，所以对这些企业都很熟悉和亲切。我们走过的41年和我经历的34年国企国资改革历程，实际已经发生了非常大的变化，为我们国家改革开放的事业做出了重要贡献，甚至可以说是不可磨灭的贡献。

现在的问题就是如何在这一轮全面深化改革当中锲而不舍地把握好改革的方向。对于全面深化改革，中央明确了五个坚持的原则：第一，坚持社会主义基本经济制度，强调共同发展、以公有制为主体；第二，强调市场化改革的方向，这是党的十四大也是党和全国人民做出的选择；第三，坚持党对国有企业的全面领导，这是不可动摇的道路；第四，坚持增强活力与强化监管的有机结合；第五，坚持试点先行、稳步推进的原则。我想特别强调一点，对于在座的各位同学来说，要更多地从现实生活，从生动的、具体的改革实践当中，包括国资国企改革中去认识问题，不断地深化认识，不断地再认识，因为我们有伟大的中国梦，我们都希望中国越来越好。

第三，我想谈的就是刚才刘院长讲的需要讨论的几个问题，我看了看，大多与我有关，或者说与我的工作有关，我被刘院长强烈的使命感再次感动。我只说一点，对这些问题，实际上都在积极地思考和探索当中，我相信国资改革、国企改革一定会不断创造出新的成果，不辜负大家的期望。

吕良彪：我今天在蓟门论坛这个舞台上，第一次看到刘院长比较紧张。我觉得这是一个很好的趋势，为什么？以前没有人挑战院长的权威，今天有更牛的"大佬"了。

今天的讨论让我想到中国古代一个故事，叫盲人摸象。人最大的问题就是，觉得自己太正确了。这个时候我们每个人都只抓住了大象的那条腿，或者那只耳朵，都觉得自己是对的，于是我们坚持自己的正确，这是局部的深刻。因为有了局部深刻，我们就能很好地认识这头大象了，不同的意见和分歧可以更好地推进我们视野的发展。

长期以来，在中国都是经济占有决定性地位，经济是讲效率的，通过法治进行社会财富的分配，经济发展到一定阶段之后，对公平就有了更高的要求。在这个伟大的盛世之下，我们每个个体是否能获得足够的安全感、尊重感和成就感，公平和效率如何平衡，这是我们在全球化和大国博弈背景之下要面对的问题。

我经历过很多国企改革，我认为企业改革存在三个问题：第一个是产权问题，第二个是治权问题，第三个是财富分配。贯穿其中的是文化的问题。20世纪没有涉及产权问题，国资委成立的时候，强调要深化国企改革，引进战略投资人的模式，就是指从外面把人引进来，类似于混改。这种方式下，企业老板做好了有可能出问题，做不好就一定会出问题。在引进战略投资人的方式下，国企和民企所受到的待遇很不一样。

最后我想批评一下在座各位，尤其是刘院长，都在批评对方不遵守规则，其实台上三位谁都没有遵守规则，但是这样一种"谁都没有遵守规则"又在大家认可和欢迎的范围之内。所以，我觉得中国的崛起之道在于怎么把握其中的分寸。

第四篇
中国道路下的国资改革——以中美贸易争端为背景

纪鹏荐语 4

中国改革开放的成功经验表明，市场经济体制是邓小平理论、"三个代表"重要思想和科学发展观诞生的重要前提。同样，习近平新时代中国特色社会主义思想，新就新在以市场经济为环境，特就特在以尊重中国国情为背景，这是新时代中国特色社会主义思想与计划经济时代中国特色社会主义思想的本质差别。构建人类命运共同体是中国共产党的伟大抱负，在法治市场经济环境中与国际社会共建、共治、共享是实现这一抱负的唯一正确选择。

我认为，新时代中国特色社会主义市场经济有四个特征：党的领导、市场经济、有为政府和国有资本包容其他资本的现代公司制度。在党的领导、有为政府的指导下，坚持宏观市场经济运行机制，打造以国有资本为主的微观现代公司运行载体，就能将改革开放进行到底，走出中国改革的成功之路。

这四个特征除了第一个外，其他三个都可与国际社会达成共识。中国的企业在"一带一路"建设中愿意把成功的经验与国际社会共享，自觉遵守市场经济环境中的普遍准则，寻找与国际社会的共识共融。中国人在改革开放中坚持走自己的道路，但不会向任何国家、政党输出自己的模式。因此，理论界对是"中国道路"还是"中国模式"的用词探讨，我更倾向于前者。

10月23日晚6点30分的蓟门法治金融论坛，我邀请了著名法学专家王涌、李建伟以《中国道路下的国资改革——以中美贸易争端为背景》为题，同台从理论和实践、经济和法律、国内与国际三个不同角度，探讨新时代中国特色社会主义市场经济及如何在共建、共治、共享的基础上构造人类命运共同体。

王涌，中国政法大学民商经济法学院教授、洪范法律与经济研究所所长。

李建伟，中国政法大学商法研究所所长、中国法学会商法学研究会秘书长。

刘纪鹏，国务院国资委法律顾问，中国企业改革与发展研究会副会长，《国资法》起草组执笔成员。

本次论坛三人贯彻"真理第一、友谊第二"的原则，在遵守习近平新时代中国特色社会主义经济思想的前提下，从国有企业和国有资本两个角度，探索"党领导国有资本运营于市场经济之中"的关键路径。从经济和法律角度出发，论坛首次尝试学术争鸣的演讲方式，寻找经济理论和法律理论的共同点，以尊重中国国情、借鉴国际规范为共识，为蓟门法治金融论坛学术水平的提高、为我国理论界的繁荣、为习近平新时代中国特色社会主义经济思想贡献绵薄之力。

本次论坛还探索了评委点评的新方式，特邀的三位评委及身份如下：

（1）李冰，国务院国资委资本运营与收益管理局局长；

（2）周放生，国务院国资委改革局前副局长、洪范法律与经济研究所专家；

（3）吕良彪，大成律师事务所高级合伙人。

第五篇
区块链与数字经济发展的机遇与挑战

蓟门法治金融论坛第 80 讲
主讲：金岩石　联合国世界区块链组织（WBO）首席经济学家
时间：2019 年 10 月 30 日
地点：中国政法大学蓟门桥校区
互动提问

致　辞

刘纪鹏：今天是我们蓟门法治金融论坛第 80 讲，题目是《区块链与数字经济发展的机遇与挑战》。2016 年 9 月 28 日，财讯传媒集团的首席专家段永朝曾讲过区块链，题目是《区块链：互联网变革的暴风眼与认知重启的加速器》。转眼间，蓟门论坛已经是第 80 讲了，又回到了区块链。蓟门论坛对区块链的认知也和世界对区块链的认知一样，从最早的区块链的一个小高潮，到区块链和各种币圈搞到一起，被人痛斥。但是从 10 月 24 日开始，祖国大地又掀起了关于区块链的热潮，区块链的春天在习总书记的指引下到来了。

为了紧跟形势，我们请来了一位区块链名家，世界区块链组织首席经济学家——金岩石博士。

第五篇
区块链与数字经济发展的机遇与挑战

2015年我买了第一枚比特币，2016年买了第一枚瑞波币，从此看到了一片新天地——区块链，然后就开始了我的研究。在研究的过程当中，有段故事经常在我的脑海中浮现。第一段是算盘的故事，不要小看算盘，当年中国人就是用算盘打败了欧洲的二进制，产生了第一代企业账本——流水账，直到700年前威尼斯商人才创造了复式记账。21世纪，复式记账在企业、银行、财政中一统天下，但仍存在很多问题。一个人记账可以随时更改交易记录，流水账账本不公开，所以复式记账就显得公平、公正。但是证监会对康美药业的判词——"长期地、有组织地、有预谋地、系统性地财务造假"，让大家知道复式记账有系统性造假的可能。

2019年8月，我一直敬重的韦尔奇曾执掌的通用电气被曝出持续20多年做假账，金额高达380亿美元。谁也不敢相信，美国当年的明星企业安然公司造假，十几亿美元的世通消亡了。此后就是中国的康美药业。我要提醒诸位，大部分账本都是可以造假的，而且都是可以有系统地、有预谋地、有组织地造假的。

带着这个问题来看区块链，首先要知道区块链最简单的、最基础的概念——分布式账本。分布式账本有三大特征，第一是过去不可篡改，第二是未来无限延伸，第三是公开多点查账，所以未来我们将会生活在区块链账本中。

其次，根据英国《经济学家》杂志的定义，区块链是创造信任的机器。数据是不可更改的，没有见过面的人，通过多点公开查账，就可以以数字为依据。美国人以上帝的名义获得了全球货币的信任。但是，今天美元的信任受到了挑战。很多人狭隘地把数字货币等同于数字黄金，认为它既凌驾于主权国家之上，又不能脱离主权国家。我认为，这种表示并不准确。

最后，区块链打造交易平台，平台上面可交易的数据就变成了数字资产。区块链是信息产业的核心技术，可创造数字货币、数字金融与数字资产。黄奇帆先生也提到，区块链技术，就像人类不可篡改的分布基因，经过更先进的"基因改造技术"，从基础层面大幅度地提升大脑反应速度等。

一、数字文明起源与数字经济

我们熟悉的文明都是用文字记载的，但实际上，人类文明最早起源于数字文明。众所周知的结绳记事，金字塔里发现的奇奇怪怪的数字，以及公元前3500年的三星堆青铜器的构造，包括今天的数字经济等，都与数字文明一脉相承。毕达哥拉斯创立了数派，他们把印度人发明的0~9变成了阿拉伯数字，引领了西方几百年。他的学生以数为神，当有一个学生提出了无理数时，其他学生把这个提出者杀死了，因为他动摇了数派心中的上帝。

数字文明传承至今，我们正在面对一个挑战——区块链，很多学者高度关注这个问题。当脸书宣布一个新的Libra（虚拟加密货币）计划时，全世界的央行为之震撼，它以去中心化的发行方式，用商业同盟的信用挑战所有主权国家。当美国也感到自身受到挑战时，扎克伯格玩起了两张牌。第一张是慈善牌——这个世界上还有1/3的人接触不到金融服务，他们处在贫困之中，我们需要为他们服务；第二张是刺激牌，如果今天美国不发Libra，下一个发Libra计划或者类似Libra计划的就是中国。

通过研究，我发现这不是创新，而是仿古，因为 Libra 计划的设计思路类似于当年的成都交子。宋朝时期流通金银币，成都宜宾曾经是全球最大的商品集散地之一，外国人在此处换我们的金银钱，于是朝廷在成都设立了一个铁钱区——专门流通铁钱，但铁钱流通仍要对价金银，于是商人们提出能不能特批他们开一个交子铺，把铁钱交到这儿可以得到一个纸币，这就是人类社会最早的纸币。600 多年后，欧洲才出现纸币，纸币风潮曾让欧洲陷入一场金融风暴。Libra 计划注定会失败，因为在法币主导的时代，没有任何一个国家能够容忍无主权的货币在本土肆行无忌。当年的交子，是用 18 个商业同盟的信用加政府背书，在有限范围内流通。中国是以国家信用为背书，中心化地发行货币。"一币在手，天下我有"，这才是未来的中国。

从数字文明到中国的珠算，从复式记账到分布式算法，算力在不断推动人类社会进步。珠算把二进位制的算力提升了 3 个级别，复式记账把算力提升了 10~20 个级别，区块链记账将把人类的算力提升到无限空间。

二、区块链与数字经济

提到区块链，我们就会想到比特币，很多人把比特币讲成恶魔，也有人认为它是骗局。我来讲一讲我理解的比特币。

2007 年，美元相对欧元贬值 40%，某权威研究机构提出一个科研专题：如果美元崩溃了，世界怎么办？有三个题目入选：第一个是回归金本位；第二个是再安排一次广场协议；第三个就是创造一种新型货币，中本聪就是提出这一观点的成员之一。

2009 年金融危机过去后，美国回到了似乎不可战胜的位置，开始挑战其他国家。很多人都在研究中美贸易争端，却没有注意到中英、中欧、中日都在战。这就是大国博弈，贸易无战事，和气必生财，中美贸易争端，决战在港台。如果看不到大国博弈，拘泥于农产品买卖，就太狭隘了。这个时候你会发现市场自发地形成了一种替代机制，于是课题组解散了，中本聪就变成了"独狼"。

2010年5月，一位工程师突然打开了一个比特钱包，然后就收到一条短信："恭喜你，你是第一个比特钱包的拥有者。"钱包里出现了1万枚比特币（见图5-1）。有人告诉他，可以拿比特币换任何他想买的商品，他就把钱包里的1万枚比特币到楼下换了两个比萨。在这一天，比特币有了价格，此后每年的5月22日都被记作比特币的"比萨日"。到2017年，每枚比特币的价格突破了2万美元。在不到10年的时间内，翻了2760多万倍，从此市场上"群魔乱舞"，讲的都是比特币的故事，而真正的比特币却常常被人遗忘。

比特币挑战的是美元，挑战美国假以上帝的名义欺世盗名。它暗示连上帝都不可信。这个世界我们应该信谁？谁都不能信，只能信密码。当我们以密码的名义来获得信任时，我们又能做什么？

图 5-1 比特币

中本聪设计的比特币上有三个拉丁文，分别代表自由、公正、真理。"自由"是斯坦福大学的校训，"真理"是哈佛大学的校训，三个拉丁文放在一起就是：信仰公正，追求真理，让自由随风飘荡——这就是未来一代人的信仰。

三、数字经济时代的产业创新与新金融

当习总书记把区块链提高到国家战略的高度时，中国的科技创新时代开始了。当所有人开始拿起智能手机时，第二次信息革命开始了。第二次信息革命如果跟互联网革命相比，就相当于爱迪生的电气化和当年瓦特的蒸汽机。蒸汽机是有形、有线的，电气化是无形、无线的；互联网是无形、有网的。而从移动互联的时代开始，大部分信息都是在无形之中、无网之中自由流动的。面向未来，思考一个最简单的问题：今天我们认为的所有不可或缺的东西，30年后有哪个还能剩下来？

30年后，世界将会是这样一种场景：手上一只机，头顶一片云，中间一条链。"一只机"是手机，"一片云"就是云端，"一条链"就是区块链——连接手机和云端。

如果换一个角度，从卫星上看世界，会看到什么？所有亮点都是城市，连接在一起形成一个全球化市场。所以，从这个角度看，国际问题都很狭隘，任何国际纠纷都是存量之争，而财富来源于增量，不是存量。再次感受这幅画面，所有亮灯的地方都是城市，积聚着90%以上的财富，黑灯的地方是乡野和海洋，加在一起还不到10%的财富。

也许今天还有人在读《世界是平的》，这个世界不是平的，而是区块化的无穷组合，这就是区块链。每个城市都是节点，我们选择大大小小的节点，这是一个创造财富的时代。

所有的创新其实都来源于两个字——跨界，任何一个行业的颠覆者都不会是这个行业中的翘楚。相反，行业专家会阻碍技术创新，可见我们的财富都没有在我们的视野之中。

人类社会有两个"视而不见"：对身边的财富视而不见；对身边的危机视而不见。当我们处在视而不见的财富空间时，需要一个工具告诉我们，财富从何而来，现在放在哪里。

我曾经一个月飞了三次深圳，每次在出口处都会看到一个标语——阿

里云：为了无法计算的价值。我一生研究价值创造，一生研究财富分配，一生研究资源优化。怎么会有我们看不到的价值呢？这便是我研究区块链的动机。

当我们研究人类无法计算的价值时，我们看到第一位女性诺贝尔经济学奖得主奥斯特罗姆提出，经济学从产权研究角度认为：一切资源都有主儿，或者是私有的，或者是公有的，或者是个人的、家庭的、企业的、政府的，但是把所有这些都抛开，当我们走出城市、放眼全宇宙，存在一个巨大的资源，它不属于任何主体。

仰望星空，我们只能看到千亿分之一的资源，因为我们看不到暗能源。奥斯特罗姆给宇宙空间中的暗能源命名为"公共池塘资源"，意在它不属于任何一个有形主体，但是任何人都可以无偿使用和开发。我们需要一个自主治理的组织，将这些无主儿的资产和资源转化成社会资源，分布式记账就是这样一种存在。

在三维市场，价值和财富都是不一样的。图5-2中的第一个圆是亚当·斯密描述的市场，包含生产领域中的三大要素：土地、劳动、资本。480年前威廉·配第给我们留下了诗一般的语言，"土地是财富之母，劳动

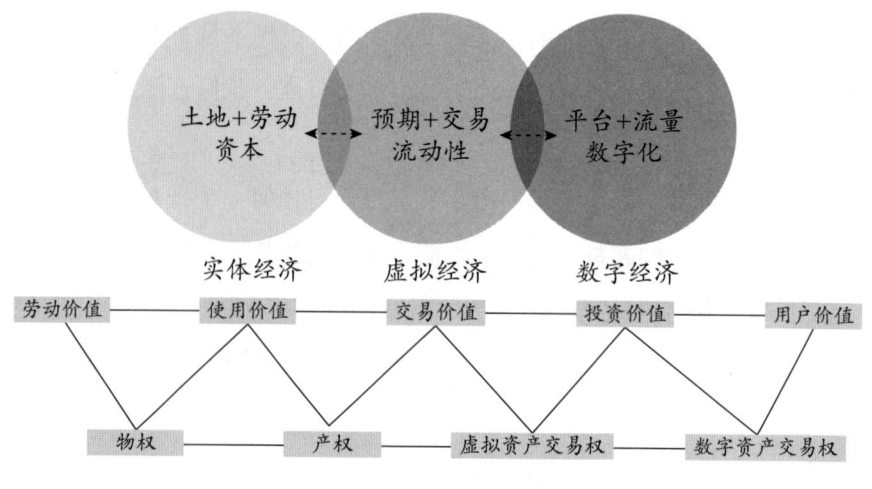

图5-2 三维市场的价值创造与财富要素

是财富之父"。第二个圆，我和刘纪鹏不谋而合地认为，在虚拟财富占主导的世界，价值来源于交易。第三个圆，即数字经济三要素包括平台、流量、资产数字。将这三个维度放在一起，就是在实体经济中，劳动创造价值；在虚拟经济中，交易创造价值；在数字经济中，用户创造价值。

四、资产数字化与智能人

只有把人类一直追求的价值和财富连在一起，我们才会明白，原来我们站在财富海洋中的一个孤岛上，面临海量财富望洋兴叹。三种财富环绕在旁，有人视而不见，而有人踩着一片祥云走上了云端。

谈论实体经济，我们会联想到祖辈，为了生存，他们穷其一生开发地表资源。在多数人还在开发地表资源的时候，有人穿透土地发现了石油、煤炭、矿产等地下资源，这便是工业革命。我想说，今天在场的"90后"们，你们未来的资源在云端，你们的使命就是要站在前人的肩上（左肩是地表，右肩是地下资源），去开发云端资源。

男耕女织、万事不求人的生活存在于一维空间；一旦我们走进城市，任何商品都有买卖，万事都得求人，这便是二维空间；以商品为基点，上下游追索，产业就形成了三维空间，企业家时代就是从这里开始出现的；当企业家由于缺乏资金而纵横捭阖、上下游综合开拓时，金融家崛起了，第四维空间——证券化——由此产生。从商品化到产业化，我们看到了一代商人；从商业化到金融化，我们看到了一代企业家；我们从金融化往前走，我们就会看到财富的第五维空间——数字经济。

资产数字化代表的是一个全球化互联网的财富空间，在这个空间中，大部分是公共池塘资源，谁能用它，它就属于谁。滴滴不拥有汽车，可以成为出租行业的老大；当年的摩拜不拥有自行车，可以成为自行车行业的颠覆者，不仅做车的垮了，偷车的都没有了。

我们正走向这样一个时代——所有人都有机会跳出自己原来的区块，

探索无限财富的未来。财富就在我们身边，只是我们现在才看到。区块链改造的是这个社会的基因，让我们从心中无数变成账上有数。全球共有1万多家交易所，如果央行数字货币能够投放到市场中，在交易所之间进行交易，那么中国的信用自然会随着这些数字走向全世界。

算力推动着世界的变化，从互联网到区块链等同于瓦特的蒸汽机到爱迪生的电气化，只有把这两场革命融为一体，才能看到世界正在创造一个新的人种——智能人。

以互联网为体力，无往而不胜；以人工智能为脑力，无坚不可摧；以区块链为算力，无形胜有形。脑力、体力、算力，任何行业、任何领域，都会和智能人发生关联。

金融和实体是什么关系？人类曾经历过只有实体没有金融的时代，货币金融最早出现在中国。春秋时期齐国宰相管仲发行了刀币，之后秦朝发行了秦半两，再到第一代纸币——成都交子，我们的祖先在金融领域遥遥领先，这就是金融立国。

人类社会的进步源于两个字——"数"和"钱"。政权背后也有金钱的博弈，玩好了能一夜暴富；反之，也能让一个国家顿时化为乌有。

五、数字经济的时间价值与创新成长

如果回顾全球财富的创造史，那么截至2018年年底，全球财富总量的一半是1995年之后创造的，另外的1/4财富是1970—1995年创造的，所以我们要感谢这两代人。

1970年全球纸币总量不到1000亿美元，2019年纸币总量高达30万亿美元；1970年全球所有国家的证券化资产（债券和股票）总额不到3000亿美元，而2019年这一数据是280万亿美元。由此可见，人类拥有的财富大部分是货币化的财富，证券化的资产。地球上所有的财富的增长可以解释为三大趋势、两条路径。

三大趋势：城市化驱动房地产升值，工业化驱动国家崛起，证券化驱动产业创新。其背后就是当年三大领袖级国家的发展。大不列颠帝国解体后，英国的富人们集体回到了伦敦，伦敦房价涨了200倍，中心区涨了400倍；法国人丢掉殖民地，集体回到了巴黎，巴黎房价上涨了180倍；今天的中国将近93%的家庭拥有一套以上住房，家庭财富的76%是房地产，这便是城市化驱动房地产。

苏联崛起时创造了一个非货币化的账本——经济互助组织，把苏联的势力范围构建成了一个工业化的体系，而当这个体系崩溃时，苏联成为了历史。苏联的消亡并不是政治的失误，而是以苏联为中心的工业化道路让它丧失了未来。时至今日，从华尔街开始的货币化、证券化仍然在高歌猛进，我们正走在证券化驱动产业创新的路上。将三大趋势作为一个整体，就是财富增长的两条路径。

两条路径：人赚钱有限——算术级数；钱生钱无限——几何级数。我们生活在数字经济中，截至2019年，中国的数字经济占全球的1/3。2007年，中国经济增长速度为13.5%，此时，新经济只贡献了2%；2019年，经济增长速度为6%，新经济贡献了2.8%。显而易见，旧经济尸横遍野，新经济遍地黄金。因此我想提出另一个词——实体金融化，实体是人体，金融是血液。

在实体金融化和证券化驱动产业创新的双重推动下，世界只剩两大核心产业——科技创新、金融创新，其他产业都在这两大产业之下，甚至归零。无金融不富，不创新必死，这才是真正主宰世界的核心价值观。这就是金融与实体的真正关联，也是中美贸易争端真正的主战场。科技战即将成为一个节点，区块链的提出，旨在提前开启金融创新战，这才是未来的战场。目前，区块链技术有两种使用路径，如图5-3所示。

在实体金融化的时代，新实体背后一定是数据，而数据化的商业模式背后一定是区块链。一旦我们脱离黄金，走进信用货币时代，人类社会最

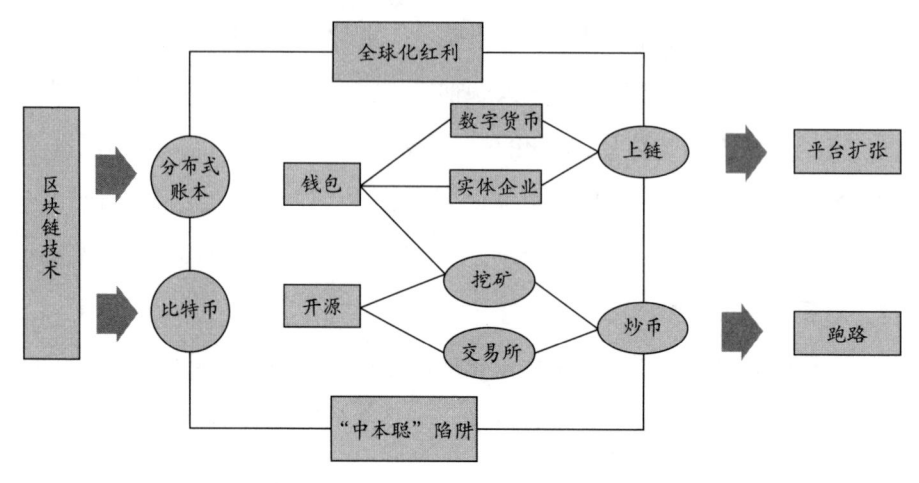

图 5-3　区块链技术的两种使用路径

大的无形资产只有一个，即信用资产。可以说，谁能够创造信用，谁就能够引领全球。如今中国出口的是中国信用，央行数字货币将来会成为全球第一大数字货币。

从双轨制价格改革，到双轨制货币改革，我们如果能理解区块链是一个创造信任的机器，一个分布式账本，一个数字化平台，可以创造数字化财富，就能理解区块链作为核心技术，要创造数字金融，实现数字资产。数字资产是什么？我们看指数炒股票，什么叫指数？就是纸上的数。公司上市有了市值，什么叫市值？就是上市的纸。各位读者，想想自己家有用的财富占多少？没用但值钱的财富占多少？此时，社会的财富悖论就跃然纸上了，有用的多半不值钱，值钱的多半没有用。

最典型的实例就是买保险，保险商告诉我们身故可以得到巨额赔偿，但我们拿着保险单，会去想究竟是活着好还是死了好吗？每个人都可以创造自己的人生，创造自己的价值。年轻人借鉴我们过去的60年，我们探索未来的60年，决战才刚刚开始。

中本聪为我们留下两件东西：第一个是挖矿，第二个是开源。他将多年研究成果一次性开源，然后悄悄地走了，挥一挥衣袖，不带走一片云彩。人们在挖矿时，会收到短信："你的币归我了。"过去几年，镰刀越来越多，韭菜越来越少，现在是镰刀拼镰刀，很快会是刺刀拼刺刀。我们看到的依旧是那个账本，不同的是，它会创造出一个分布式账本，链接所有人的钱包，然后进入实体经济，创造通证，于是通证就能让企业创造一个平台。由此可见，数字经济的财富是"平台+流量"创造出的数字化的资产。

当年中本聪信誓旦旦地说要创造一个世界货币，今天这个货币已经不再具有货币的属性，而是一种资产，是成本相当于黄金1/20甚至1/50的数字黄金。直到今天很多人还在问，比特币有什么用？联想一下，如果你问一位女性钻石有什么用，她会告诉你一句话：钻石恒久远，一颗永流传。

美元有什么用？人民币有什么用？资产的价值，往往和它本身没有关系，而取决于它如何交易。一个又一个的黄金诈骗案，让我们相信黄金是有价值的；一片又一片的区块链诈骗，显示了区块链的价值。没有价值的东西怎么可能骗人？所以，要学会跟骗子学习而不被骗，人生将更加精彩。

虚拟区块链未来的出路只有一个，跑路。中本聪带头跑了，他用实际行动告诉我们，这个世界谁都不能信。任何人都可以站出来说自己是中本聪，而可以证明中本聪的只有一个私钥密码。这就是价值，将来会成为富人的标志。

比特币是中本聪创造的一个数字资产，如果看不明白它是数字资产，就看不到数字经济的财富空间。但是人类的数字智商不能仅限于炒币，更不能止于中本聪。越来越多的实体企业已经开始了"上链"的模式，领导一重视，中国A股106家区块链企业全冒出来了，曾经不敢承认自己有区块链的企业，现在一反常态，都称自己已经研究了很多年。上个月（9月），我参股的深圳公链区块链技术有限公司去租办公室，对方说："对不起,你得把这个名字改了。"因为他们禁止带有区块链名字的公司入驻,现在却要求我们尽快改回原来的名字。

如果将基础资源分成三个维度,我们可以看到,无论是地表资源还是地下资源,其共性都是有限性,因为有限所以稀缺,经济学第一定律就是稀缺性定律。试想一下,如果云端资源是数据资源,那么数据资源是有限的还是无限的?信任资源是有限的还是无限的?思想创造财富的时代,思想是有限的是无限的?人类正逐渐从对有限性资源的开发,转向对无限性资源的开发,然而在这个过程中,那些看起来无限的资源却在平台的使用中变得有限,甚至越来越稀缺。

淘宝、阿里巴巴的资源优势是什么?并不是开发房地产,也不是开发石油、煤炭、矿产等资源,而是平台。阿里巴巴真正的商业模式是构建平台资源,就像航母一样,让战斗机和轰炸机的战斗力放大百倍、千倍。平台资源正是财务报表上不显示的数字资产。投资商在平台上创业,简言之就是"三收模式",收费赚小钱,收壳赚大钱,收购赚无限的钱。

请大家思考一个问题,所有免费使用微信以及微信服务的人,算不算腾讯的客户?事实上,我们是用户。一字之差,含义却天差地别。在数字经济时代,客户是利润终端,而用户创造价值,用户才是数字经济的行业资产。但是,在财务报表中,却不曾有人见过"用户资产"。有人看到过平台资产吗?为什么现在企业不再依赖员工的血汗?讲到这里我的脑海中自动跳出《共产党宣言》中的一段话:资本来到世间,从头到脚,每个毛孔都滴着血和肮脏的东西。

劳动力市场化条件下,一旦劳动者能够自主选择老板,劳动者就会更乐意在平台上为自己创造价值。任正非悟出了这个道理,他让所有员工变成了华为的名义股东,然后将员工的部分工资转成股票,再把这部分钱用于研发,一举三得。员工贡献了他们的智慧,公司减少了现金支出,提高了研发支出,这就是华为模式:一个内部化的股票市场。华为只有两个股东——任正非和员工，实体金融化的模式成就了华为。

从平台的角度看企业，新经济的价值创造就很明显了，追到源头就是用户，再进一步就是数据。数据等同于生产资料，用户等同于创造力，于是我们就看到，在新实体经济中，在区块链的时代，一个新的财富创造机制正冉冉升起。

摩尔定律和梅特卡夫定律是数字经济的两大基础定律。摩尔定律告诉我们，每隔 18~24 个月，集成电路上可容纳的元器件的数目就会增加一倍，性能也将提升一倍，成本会下降一半以上，这就是成本递减定律。

如果所有资源都用于构建平台，驱动创新，那么我们无须依赖剩余价值，就能选择持续不断的融资，这也是实体金融化。梅特卡夫定律告诉我们，一个网络的价值等于该网络内的节点数的平方，而且该网络的价值与联网的用户数的平方成正比。换言之，数据终端的价值是由使用者创造的，而且使用者使用的频率和次数越多，数据终端的价值就越高。所以，每一个使用过微信的用户，都是腾讯平台的价值创造者。

实体金融化、成本递减、价值倍增、平台扩张，解释了过去十几年和未来几十年，人类财富将以越来越高的比例来源于新资源——数据、思想、信用，不再来源于土地和劳动，煤炭和矿产。综上所述，新经济的企业可以总结为 16 个字：市值导向、成本递减、价值倍增、平台扩张。

很多人错误地认为，只有错误的企业，没有错误的行业。走进互联网时代，鼠标轻轻一点，千年的驿站，百年的邮局，信封、信纸、邮票等都化成了记忆；从互联网传递信息升级到互联网创造金融、创造资产，在金融和资产两个维度，区块链将会消灭掉一半甚至更多的行业。就像当年电邮消灭了邮票和信封一样，一脉相承。数字成为资产，平台创造交易，思想创造财富，用户创造价值，我们正在走向财富和资源的无限空间，迎接崭新的未来。

从金融和实体相互关联的角度，重新看待资源的配置和开发，能够把思想变成财富的就是区块链、数字化，以及超越任何主权国家的大宏观，正所谓链上无国界，云端有全球。

2012年移动互联打开了数字经济的大门，它让人们离不开手机，人走到哪儿都要看看有没有信号。2G时代产生了移动互联，4G时代对事物的反应能力快到只需50毫秒，我们正从争分走向夺秒，"5G+区块链"会让创新变成一个更快速的形态。

现在，摩尔定律说集成电路上可以容纳的晶体管数目在每经过18~24个月便会增加一倍，而现在3个半月就可以实现成本减半，功能提升。速度正在挑战人类。也许有一天我们会看到，世界上80%的人依然活着，但不需要劳动。如果世界只需要10%的人就能创造出无限的财富，供养更多的人口，共产主义该如何存在？如何在物质财富极大丰富的环境下各取所需？区块链不仅是一项技术变革，它是要改造世界，颠覆世界，让我们每一个人都在玩的过程中创造无限的财富，与所有人共享。这时我眼前跳出一个词——共享经济，其本质就是用户创造价值，无论选择什么，都会直接或间接地为他人创造快乐，为自己创造自由。

互动提问

问：数字时代发展得如此之快，国家现在已经很有钱了，将来会更有钱，那么如何给老百姓提供更好的福利？中国作为世界上第二大经济体，我们国家的福利水平在全世界排名多少？

金岩石：我们现在大多数人是富裕的穷人，尤其是北京人，住着价值千万元的豪宅，手拿万元月薪，关注天下大事，过着"穷苦"生活。中国是世界第二大经济体，2018年，中国有90万亿元的GDP，180万亿元的M2，但还有270万亿元的总负债。450万亿元的总资产中，有超过360万亿元的房地产资产。这就是中国的模式——重资产、高杠杆、资产巨大，但无现金。实际上，从个人到家庭、企业，再到国家，并不像人们想象中的那么富裕。

国家开了科创板，提出了区块链，二者是相关联的。发行数字货币不需要现金。显然，在一个资产巨大的无现金的状态下，中国经济正处于严重的流动性危机之中。如果将美国、欧洲、日本用宏观大数据来排序，记 GDP 为 1，那么国家货币总量是 1，债务总量是 1，股票市场的总市值是 1，整个国家的房产总值也是 1（日本的房产总值是 1.5）。中国的状况是货币 2，债务 3，资产 5，房产总值 4，甚至更高。流动性金融资产可以代表一个国家的真实资产，其主要构成是存款和股票市场的市值，而数字金融和数字资产能让不流动的资产流动起来，让中国的数字货币流向全球。

（刘纪鹏）问：中国正面临经济下行压力和金融上的诸多风险，2019 年中国的流动性 M2 是 195 万亿元，城乡储蓄为 75 万亿—80 万亿元，这些钱去向如何？振兴股市是一举多得吗？那股市政策还管用吗？我们看着短短三个月内，科创板有近一半股票腰斩，90% 的股票跌了三成。央行最近开始谈数字经济、数字货币。日本 NHK 说中美贸易争端最大的战场是区块链，你怎么看待这一系列的问题？

金岩石：我们狭隘地聚焦在了中美贸易争端上，其实中美之间根本没有那么激烈的冲突。大国博弈分三种——热战、冷战、贸易战。这只是最轻松的一种，目的在于争夺全球科技主导权。科技主导权我们有 5G，如果有"5G+区块链"呢？

数字货币一举四得，这便是四个双轨制。第一，越来越高比例的 M0（流通中的货币）变成了电子支付。第二，老百姓用的钱点对点，钱包对钱包，机构对机构，同类资产可以变成一个平台创造通证，银行间、市场机构间、市场间相互兑换。第三，中国本土不能交易，境外自由交易。第四，就是账户制，以银行为中介，结合账本制消灭传统银行。互联网可以通过 5G 让中国数字货币的流通速度上升到全球第一。

美国看不到快递小哥——人贵，偏僻的国外看不到互联网——网少，电子商务领域在境外几乎没有竞争对手，我们在该领域内已经遥遥领先。在此基础上，创造数字货币、数字资产，拓宽流通空间，这就是中国向全球出口一种新的商品——"中国信用"。

问：金老师您好，我是从事区块链创业的联合创始人之一。我们做的是基于POS共识的这部分资产的流动性问题，即一个底层的智能合约。

金岩石：没有智能合约就没有区块链，尽管原来有些算法都存在，在中本聪之后，第一个产品是比特币，第二个产品就是以太坊。以太坊以POW工作证明和POS权益证明开启了通证交易的时代，它把一个复杂的技术问题变成了一个简单的平台。尽管在技术上，以太坊是继中本聪之后最大的进步，但是区块链放出了一堆"跳蚤"，让中国的骗子们在这个市场上横行霸道。所以在技术上，我个人认为POW、POS除了炒币之外，没有做出任何贡献。用区块链的思维，扩展平台经济，让优质企业最终走向通证经济，这才是实体区块链的未来。

因此，虚拟区块链就是炒币、跑路、"割韭菜"，实体区块链要通过数字金融创造数字资产，在央行数字货币的引导下走向一个新的财富空间。这时，我们仍然会用POW、POS，但每一个产业都应该有属于它自己的平台、自己的通证，通证的流通会让资产在流动中创造价值，这就是实体区块链的真实概念。

问：您提到从实体金融化到资产数字化。如果实体的资产没有一个中心化的机构做定量，或者衡量它的价值，那么它如何能够做到更好地赢利？

金岩石：走进数字经济的空间，实际上是走向了通证化。中国最早的通证经济，是腾讯早期发行的Q币，这就是通证经济。我们已经准备好让数字资产和数字货币双翼齐飞，所以很早之前就向央行提出，只要央行数字货币合法进入流通，我们将为央行数字货币提供无偿的服务，这是我们要做的事情。

要把区块链应用于国计民生,就要走向四个优化:数字金融优化营商环境,数字资产优化公共服务,数字网络优化城市管理,数字存储优化政务廉洁。

问:区块链对金融、对社会生活、对政治都有很重要的意义,对军事方面有什么意义?

金岩石:区块链是一个账本,多点、公开、测试,如果这个账本每一个节点都是一枚导弹,就等于是告诉大家,所有导弹都可以在任何一个地点发射。如果有人在网上给你发一枚导弹,这个世界就会像放炮一样热闹,也许区块链还没有达到这个程度,但它是有可能的。

(刘纪鹏)问:战争的目的就是掠夺财富或享受资源,任何一场战争都跟资源有关。现在的金融战、货币战,甚至还有资本战、网络战,包括谈论互联网、电网的过程中,很容易就能感受到区块链在大国博弈中的作用,今后的战争还会像过去一样真刀真枪吗?今后,可能在某种意义上,导弹的威慑作用会大于实战作用,更多的大国博弈可能就是区块链技术平台上的超限战。

今天,区块链引出的最大话题就是数字金融、数字货币,也是金岩石一直谈到的数据资源和资产的平台。美元不受约束,凭什么美国人可以印那么多美元?美国金融危机,最大的解决办法就是量化宽松,说白了就是央行印货币去买美国财政部发的债。

买债等同于将货币投放到市场中,俗话讲,就是往猪肉里面注水。美国财政部在一级市场上拿着这个钱救通用,救花旗,大家有没有想过为什么非要救这些企业?这些钱从何而来?

美元没有节制,2008年的QE(量化宽松)政策就是往猪肉里面注水,银行投放3.85万亿美元购买美国国债,美国知其罪孽深重,经济刚一好转就执行QT(量化紧缩)。从QE到QT,以快速的方式,把当年买的国债抛到市面上，再把美元收回来烧掉。左边的资产由于抛掉美债而减少，右边将回收的绿钞烧掉，这就是缩表。2019年7月，美联储又开始扩表，继续由银行印票买债来刺激美国经济。那么，谁来约束美元，它跟谁挂钩？区块链的分布式记账，至少可以让全世界知道印了多少美元、根据什么而印的。美元统治世界的货币金融时代，越来越不合理，美国人的信用彻底下降，所以如何从区块链数字金融、数字货币的角度解决这个问题，这是全世界一大难题。我想问两个问题，一是区块链能否解答，中国所谓的数字货币是什么，跟人民币有什么关系，它的数量受什么约束？还有一个问题，之前谈到回到黄金本位，这个回不去了，无法支撑世界经济的发展。但是黄金的走势有可能要起来。这年头我们能买什么？房地产？股票？股市还在跌，政策已经不管用了，也不解决制度性的问题，股市能担起中国经济下行和化解矛盾的重任吗？区块链能将矛盾都解决吗？

金岩石：这个问题从源头上讲，所有人都要面对什么是货币的问题。大学一年级教科书中写到，货币是作为一般等价物的特殊商品，这叫商品币。从1970年美元脱离黄金之后，现代货币理论建立起来了。现代货币理论（MMT）就一句话——赤字都是货币，这就叫赤字货币化。赤字货币化是以财政信用作为担保的，而财政信用最终还是要回到货币总量上，所以中本聪在他设计的比特币上写上2100万枚，是告诉全世界，货币是可以无限发行的，而比特币不可以。

（刘纪鹏）问：2100万枚是有限的还是无限的？

金岩石："无限"体现在小数点后面无限分割到8位数以上。美国从建国以来，没有任何一个月，货币量的发行、流通总量超过这个国家GDP的70%，即使是在金融海啸时期，美国的GDP总值和M2总量也是1∶0.67。

美国的GDP总值始终和货币总量保持一个对价，而且至少一半的美国货币在全球流通，这时就能理解美国本土流通的美元法币和中国本土流通的人民币法币之比为何是1∶5了。美国会出现政府因为没有钱而关闭的现象，货币和政府之间体现出真正的宏观经济关系。

谁管货币？想一想，如果纸币可以无限量发行，还需要数字货币吗？虽然引进数字货币会推动中国的币制改革，但到底能超额发多少数字货币呢？

纸币能干的事，数字货币能不能干？如果两个币没有差别，为什么还要发行数字货币？其实，纸上的数值并不改变问题的本质，需要数字货币去发现数字资产。区块链是一个分布式记账的账本，所有资产都是贬值资产，新经济的核心资产是数据、思想、信用、用户、平台。一旦数字货币在流动中发现了数字资产，中国的流动性资产就会通过数字金融释放出来，这些财富就能进入我们的生活，货币就能流出中国，并置换回所需实体资产。发行数字货币，创造数字资产，让数字资产和数字金融走出国界，就能为中国创造更广阔的财富空间。

任何一次成功的货币改革都在于：(1) 降低市场的交易费用；(2) 扩大市场的流通范围；(3) 提高货币的流通速度。这就是货币改革带来的社会价值。

(刘纪鹏) 问：我有两个事实要跟你交流一下，中国央行确实成了世界第一大央行，总资产超过了美联储。在美国危机的时候，中国印了大量人民币，贸易上与美国产生了顺差，投资上美国拉动了世界经济，但是大量美元进入中国，成为外汇储备，中央银行跟着美联储印刷人民币。最后货币大量超出现实经济的需要，容易产生通胀危机，因此要赶快紧缩。银行每吸收100块钱存款，必须把22.5块钱交到央行去，这就是准备金，钱多闹出了钱荒，印这么多钱可仍然缺钱，这是一个货币问题。

虽然钱回到了央行兜里，但并不属于我们，绿票储备借给美国人，吃不上劲；红票留在中国，担心出金融问题。外汇储备是央行的债务性资产，跟银行总资产有1万亿元但大量是储户的钱道理一样。因此从这个意义出发，中国印了过量的人民币，红票子挂钩美元，我们现在为了解决美元的问题，为了防止经济下行，今年的财政政策已经宽松到了极限。1.8

万亿元免税财政政策，60%是警戒线，财政政策大量的减税让费，经济依旧在下行，所以央行提出了数字货币。这种情况下，中国宽松的财政政策格外引人注目。今年的货币政策实际上也很宽松，前三季度已经下发15万亿元的货币总投放，可经济依旧停滞，什么问题？

发行数字货币根据什么？总量多少？显然，互联网金融可以使M0大大减少。如果重新发行数字货币，还要统领全世界财富滚滚而来，这让人觉得并不容易实现。

金岩石：过去12年，中国经济是在健康地下滑，而且会继续下滑。数字货币和所有货币一样，都得有一定比例的约束，那就是总资产、总负债。

1971年结束了美元挂钩黄金的时代，美元脱离黄金之后挂钩石油，然而挂钩石油的政策也即将终止，大家都在寻找另一个锚，这个锚是什么？曾经以黄金为锚的时候，发生过抢购黄金的浪潮，黄金价格上涨，美国违约了。中本聪让密码变成了锚，利用哈希算法，通过区块链的分布构建了一个类实体的锚，数字资产的流动性越强，流通速度越快，对市场中的数字货币的需求就越高。这就形成了一个新的循环，旧经济仍然在原来的法币体系中不断萎缩，新经济却在数字货币新生态中不断扩张。经济增长速度逐年下降，同时，财富增长速度不断上升。这时，社会达到了一种新的平衡。

以日本为例，过去10年，旅游业收入的增长正好是国家经济的增长。但是日本的财富增长却没有伴随经济增长速度的下降而下降，日本的人均GDP仍然高于中国。如果区块链创造信用，把信用作为资产，在全球化的市场中创造一个数字金融和数字资产的流通空间，就像美元一样，流到哪里，哪里的公共池塘资源就属于它。因此，全球化是一个极具潜力的制度安排，无须拥有，只要能够创造用户，创造流量，就能够创造数字资产。这就是新经济的灵魂，包括数据、思想、信用、平台、用户。对比拼多多、阿里巴巴、腾讯、百度为什么出局，就是因为李彦宏对接莆田系，追求了错误的资产配置。事实上，数字货币的数量是和数字资产自动平衡的，不需要任何人设计，是自发的平衡。

（刘纪鹏）问：一方面，中国的货币发行体现在国际交往中，如港币对挂美元；另一方面，一个国家自己的货币投放量跟本国的GDP和通货膨胀相关，这两个数字之和就是合理的货币投放数量。比如，2018年中国GDP是6.6，通胀大概是1.8，总和8.4，就是新增货币的合理数量。如果不考虑传统的货币投放，仅涉及区块链，特别是数字金融，那么，要不要有一个中心的信用，国家的信用？国家信用怎么产生的，根据什么提供国家信用？美联储压上美国的信用，让全世界都认可。中国发行数字货币后，央行起什么作用，这个量的关系是什么样的？

金岩石：没有人能回答这个问题，因为我们到现在都不清楚什么是货币。货币是一个最简单的复杂问题，简单到似乎人人都懂，复杂到谁也说不清楚。

（程碧波）问：区块链最重要的特点就是数据不可更改，但电子签名已经做到了。签过名的文件只要在数据中就无法更改，我们如果担心文件丢失，就可以群发。那区块链是否可以在技术层面进行简化？

还有一个问题，现在中央银行的数字货币是中心化的，区块链交易效率低、成本高，导致现在以及未来都是采用上层中心化。未来发展中，下层市场能否与区块链结合，未来的货币是分散化的还是中心化的，中心化的货币、中国央行的数字货币和比特币，谁输谁赢？

金岩石：中本聪当年的论文标题是《点对点电子现金系统》(*Peer to Peer Electronic Cash System*)。点对点无论是钱包对钱包，还是账户对账户，其实都是把中心点变成了一个平台，没有平台就没有货币。平台貌似开放，实则封闭。Libra就是中心化发行的，利用21个商业机构的联合信用创造了一个虚拟信用，这就是中央银行数字货币的模式。

图5-4所示为两级三层结构：第一层是央行中心化发行；第二层是授权分布式发行，分布式流通；最底层是钱包对钱包，点对点的交易。区块链就发生在第二、第三层。在这一模式下，是21个商业机构的信用高，还是一个国家的央行的信用更高呢？很明显，21个商业机构动了央行的奶酪，当年的计划注定无法实现。商业信用实际上是虚拟信用，不会有闲置资产放在那儿给外币做承兑，可央行为什么这么做？因为它本来就不是银行。信用时代，却找不到一个可以物化甚至可以量化的锚，这个时候需要重新认识一下货币是什么。按照现在的理论，货币对个人、企业、家庭都是债，对国家也是负债资产，而且是在负债流通中带有流动性的资产——可以交易，带有利息。人类终将进入零利率时代，形成无息资产，只能靠交易的波动性来创造激励，比特币就是如此。

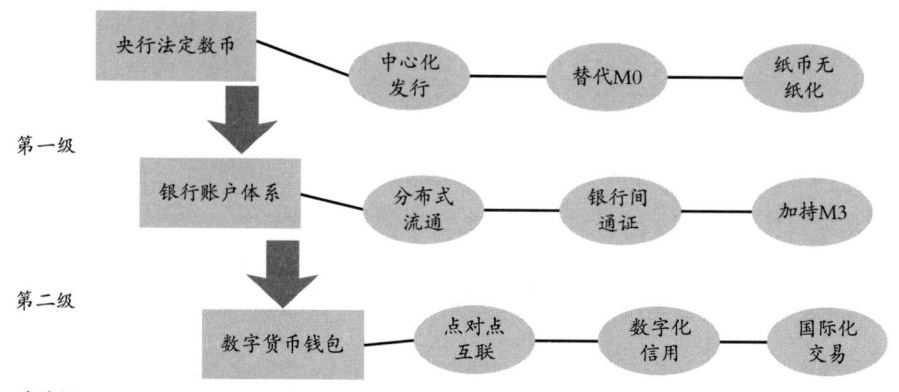

关键词：
中心化发行/分布式流通/区块链钱包/银行间通证/数字化信用/国际化交易

图5-4 央行数字货币的两级三层结构

当这种资产可以在不同的平台上延伸的时候，有信用的企业就可以把它的信用直接转化为数字资产，然后形成数字资产和数字货币的自主兑换。当新的产业打开一片新的空间时，人类就能理解池塘资源，包容数字资产，包容数字货币。

"经济增长+通货膨胀"这种说法是不对的。在中国，房地产就是一种池塘资源。在市场化的进程中，市场化资产不断被注入市场体系中，货币发行量远远高于经济增长和通货膨胀，在此之外还有一个新载体：货币化的虚拟财富，这就是未来的出路。

过去10年，中国人挖出了70%的比特币，却都落在了美国富人的口袋里，真正落到中国人手里的比特币还不到1%。中国人喜欢挖个币，然后卖给外国人，赚点小钱。现在，比特币已经被挖出1800万枚，丢掉500万枚，实际流通1300万枚。如果到2140年所有比特币都被挖出来了，丢掉的500万枚没有找回来，那么全世界只有这1000多万枚比特币能不涨吗？！在实体经济中，中国在应用方面走在全球前端。穆长春在报告中称，腾讯的微信和阿里的支付宝实际上已经代替了央行的数字货币发行，如果央行再不发行，这个场就没有了。

问：我想请教，央行发行的数字货币是以人民币兑换的虚拟币，还是国家对冲的、具备炒作价值的比特币？如果是基于炒作价值，那么跟国家宗旨是不是相矛盾？

金岩石：不能把通证和币混为一谈，更不能把通证等同于证券。央行很明确地讲了不设定技术路线，在发行阶段不会用区块链。现在可能用到区块链的是什么？如果机构之间创造了一个市场，形成了银行间通证，部分替代了现有银行间市场，那么这个市场就归类到M3。也就是说，一部分是M0，一部分是M3，还有一部分是央行数字货币。如果变成境内不可交易，境外自由流通，就会流向海外，形成第三个双轨制。

如果这个版图形成了，央行数字货币对接境外任何一个交易所，就自然形成了区块链支持的一个交易性资产。交易性资产、交易性中介、交易性平台，三个不同的层次将构建未来的央行数字货币流通的空间。

问：我想请问一下，数字货币的汇率如何计算？

金岩石：央行数字货币的属性一定是稳定币。比特币在中本聪离开之后基本上就不是货币了，而是一个数字资产，没有固定收益，也没有抵押物，只能靠交易形成收益。参与者按照交易的预期承担风险、分享资产溢价的收益，这样一种资产有没有价值？买股票的人没有真正地等分红等溢价，都在炒波动性、流动性，大部分资产都是交易性资产，所以交易创造价值。这就是现代社会的一个财富空间。在交易性资产和交易价值之上，用户的价值是数据资源，是平台资产，这才是我们探索的空间。

纪鹏荐语 5

10月24日，习近平总书记主持中央政治局第十八次集体学习区块链时强调，我们要把区块链作为核心技术自主创新的重要突破口，明确主攻方向，加大投入力度，着力攻克一批关键核心技术，加快推动区块链技术和产业创新发展。连日来全国掀起了学习区块链的高潮，日本NHK电视台甚至制作了纪录片——《区块链才是中美贸易争端的主战场》。习总书记在讲话中还两次提到了数字经济，"要利用区块链技术探索数字经济模式创新""使区块链技术在建设网络强国、发展数字经济、助力经济社会发展等方面发挥更大作用"。

中国信息通信研究院统计数据表明，我国数字经济规模在G20国家中居第二位，总量已达4万亿美元。区块链和数字经济，为什么引起中央领导如此之重视？其内涵是什么？区块链+数字经济时代的机遇在哪儿？亟待在新时代新形势下充分深入学习、探讨和解读。

10月30日晚6点30分，蓟门法治金融论坛邀请联合国世界区块链组织（WBO）首席经济学家金岩石博士主讲《区块链与数字经济发展的机遇与挑战》。

金岩石博士毕业于南开大学，1987—1990年在哈佛大学访问，在美多年从事货币与资本金融理论研究和实践。目前是北京大学、上海交通大学、中国政法大学、中国人民大学等多所高校的兼职教授，同时任鑫星伊顿公司首席执行官。

我和岩石初识于20世纪80年代，之后和他再次相遇于全国人大《证券法》修改工作中。他作为受聘专家对美国证券市场的交易制度进行讲解，其演讲被称为"纳斯达克活字典"。

2015年中国政法大学资本金融研究院成立，他受邀担任兼职教授和金融基础理论中心主任。他对现代金融的独到理解和超群的演讲能力，给人留下深刻印象。

近年来，他超前意识到区块链和数字经济的重要性和发展趋势，在这两个领域的研究已经走在社会前沿。

他分析了区块链与数字经济发展的机遇与挑战，具体从以下四个方面与大家交流：

（1）数字文明起源与数字经济；

（2）数字经济时代的产业创新与新金融；

（3）区块链与数字经济；

（4）数字经济的时间价值与创新成长。

这场讲座是在学习习总书记关于区块链与数字经济发展的讲话的背景下，与时俱进，创新发展，获得岩石丰富的知识与见解、享受其超群演讲魅力的精神大餐。

第六篇
从中国改革成功看中国崛起之路

蓟门法治金融论坛第 82 讲

主讲：张维为　复旦大学中国研究院院长、

中信改革发展研究院资深研究员、

国家高端智库理事会理事、

上海春秋研究院高级研究员

时间：2019 年 11 月 20 日

地点：中国政法大学蓟门桥校区

点评：张树华、江宇

互动提问

致　辞

刘纪鹏：今天是蓟门法治金融论坛的第 82 讲，也是中信大讲堂中国道路系列讲座的第 59 讲。题目正如大家所见：《从中国改革成功看中国崛起之路》。一直以来，中信大讲堂的精神就是坚持实事求是，践行中国道路，发展中国学派。而中国道路怎么走，学派怎么形成？今天请到了张维为教授为我们解答。他走过 100 多个国家和地区，做过邓小平同志的翻译，见过各种模式下各个国家的真实状况。所以他对这一话题的体会和感受是源自自身实践和理论高度共鸣的结果。

孔丹：我讲三句话。第一句话讲我们中信集团，中信集团现在"世界 500 强"中排第 137 位，希望各位学成之时，报考加入中信集团。第二句话，中信基金会是在中央的推动下，由中信集团创办的，我们的宗旨是坚持实事求是，践行中国道路，发展中国学派。第三句话，张维为老师是我们中信基金会的战友，今日百闻不如一见。

第六篇
从中国改革成功看中国崛起之路

一、中国的崛起之路

我现在跟西方人讲,他们需要政治体制改革。以前这席话我只给中国人讲,给社会主义国家讲。而现在西方国家的人也听得懂了,也知道他们的制度出了问题。2019 年 10 月我去了一趟欧洲,其间我在法国见到一位老朋友,他是一位资深学者,非常了解我在 9 年前跟《历史终结者》的作者福山先生进行的辩论。他对我说:"张维为,我知道你经常做一些政治预测,还蛮准的。你曾经预测'阿拉伯之春'变成'阿拉伯之冬',你的预测是对的。你也预测美国要进行政治改革,否则可能选出的总统比小布什还要糟糕,我们法国人也认为这个预测是对的。你最新对西方的预测是什么?"我回答道:"我最新的预测是英国必须进行实质性的政治体制改革,否则大不列颠将变成'小'不列颠。"说罢,这位法国学者担忧地说:"张教授,法国你就不要预测了。"联想到欧洲益普索(Ipsos)在 2019 年对全世界 200 多个国家就"你认为你的国家是否走在正确的道路上"进行的调查结果显示,91% 的中国人,40% 的美国人,21% 的英国人,20% 的法国人选择了"是"。这就不难理解这位法国教授的话与担忧了。同时,这也反映出我国的日趋强大。

我对新中国的 70 年有一个基本的概括,前 30 年叫"三十而立",后 40 年是"四十而不惑"。在前 30 年我们打下了必要的基础,特别是政治制度的基础，国民经济全产业链的基础，社会基础，如土地改革、妇女解放、基础教育、基础医疗等，这些都是在前30年打下的。若没有这样的基础，就不可能有后来40年的飞跃。后40年，我们确实通过自己的改革开放找到了一条走向成功的道路。这里所谓的成功还需要加一个限定，即在国际比较中，跟美国比，跟西方比，跟东亚、跟发展中国家比，我们相对而言胜出，而且前景看好。

熟悉互联网的人可能知道，在2015年阅兵期间，一名大学生把一张空军阅兵的照片放在了微博上，并配文："周总理，开国大典的时候飞机不够，您说飞两遍，现在再也不需要飞两遍了，要多少有多少。这盛世，如您所愿，山河犹在、国泰民安。当年送您的十里长街，如今已是十里繁荣。""90后"就是有这样的本事，一段简短的文字，加一张照片，通过网络世界的传播，触动了国人的敏感神经，感动无数人。尤其是我们这代人，作为共和国历史的见证者，看到这样的文字和图片感触更深，我也觉得很是感人，也深刻地感受到了中国的变化。

对中国的崛起，我基本概括为集四次工业革命为一体的崛起，是非常精彩的崛起。可以说，任何一个45岁或45岁以上的中国人，在过去40年中，基本上都经历了农业文明、工业文明和信息文明。在座的"90后""95后"可能没有经历，但你们的父辈经历了。所以从个人体验来说，这种精彩是同龄的外国人很少能体会的。

出于历史原因，我们错过了第一次和第二次工业革命。所以从改革开放开始，我们在不停地追赶。中国真正意义上开启第一次工业革命的标志是乡镇企业的崛起，然后是1995年，中国成为全世界最大的纺织品生产国及纺织品贸易国。这一路径很像当年英国工业革命，通过对蒸汽机的发明，英国当时成为世界上最大的纺织品生产国。

第二次工业革命结束的标志是2010年中国的制造业规模超过了美国，而今天中国制造业规模大致是美、德、日之和，产业链是全世界最完整、最全面的。其中一个最重要的因素就是，中国加入了世界贸易组织。现在看来，这是一个非常了不起的决策。站在中央的角度，回望过去，当年做出正确的预测，决定加入世界贸易组织，加入互联网，都是非常不容易的。而这每一个决定，实际上都改变了中国，改变了世界。

第三次工业革命以通信业的发展为主，其中最典型的标志是每个人都开始使用手机了。在最初的1G、2G时代，中国人没有自己的技术标准，当时的技术标准由欧洲和美国制定。到了3G时代，我们才开始有自己的TD标准，但是使用规模非常小。到4G时代，我们就开始完全使用自己的标准了，跟美国、欧洲的标准平起平坐。而到如今的5G时代，我们已领先了。在通信业，中国实现了典型的从追赶到逆袭，再到在一部分甚至不少领域内领先，这是很了不起的。现如今第三次工业革命还在进行之中。

第四次工业革命已经开始了，这一次工业革命以大数据、人工智能、量子通信的发展为主。中国目前已经和美国一起进入了第四次工业革命的第一方阵，超过了欧洲。第四次工业革命的主要特点是利用大数据，而欧洲人的大数据基本都在美国公司的手里，如谷歌、脸书，所以欧洲人落后了。以前欧洲人嘲笑我们，说到了中国不能上谷歌，不能上脸书。现在欧洲各国非常后悔，因为大数据就像石油，越多越能影响未来的技术发展。所以现在中国处在第一方阵，而且前景非常可观。

国际体系的最大特点是发展中国家往往处于外围，西方发达国家是中心，外围国家依附中心国家，供养中心，因此这个体系本身是不公平的。而中国通过数十年的努力，成功突破了这个不公平的国际体系。我觉得中国现在已经成为这个体系之外的单独一极，而且这一极独具特色，它既是外围国家，也就是发展中国家最大的贸易伙伴、技术伙伴、投资伙伴，同时也是中心国家，也就是西方国家最大的贸易伙伴、投资伙伴、技术伙伴，极大限度地改变了世界格局。

这也是为什么美国挑起贸易战之后，我一直比较乐观，并认为美国要输,中国要赢。首先我们承认,贸易战肯定会让双方都不好受,都有损失。但相比美国,我们可以向其他国家提供四次工业革命的所有产品、服务、经验及教训。而世界上只有一个国家能够这样做,那就是中国。从中国与非洲的贸易中就可以看出来,自中美贸易争端以来,中非的贸易额保持着两位数的增长,因为我们可以提供美国提供不了的产品。

二、中国崛起的国际比较分析

如何解释中国的崛起之路?目前,学术界、主流媒体中存在五种解释,但我认为都是不妥当的。第一种观点认为中国崛起是因为劳动力便宜,但实际上中国劳动力是比较贵的,即使在20世纪80年代,劳动力也比一半以上的发展中国家要贵。第二种观点认为是因为大量外资涌入,过去的几十年中,中国确实吸引了很多外资,但考虑到人均吸引外资数量,吸引外资最多的实际是东欧国家。第三种观点认为是因为市场经济,但实际上世界上多数国家都是市场经济,这些国家中大多数也并没有取得真正的成功。第四种观点认为是因为一党制,这样的国家很多,但是成功的并不多。最后一种观点认为是因为所谓的"国家资本主义",尤其是美国经常用这个概念来套我们,接下来的内容会顺便阐释为什么这种解释也不妥当。

我将对中国过去几十年进行全方位的国际比较,来分析中国之崛起。首先,可以把世界上的国家分成三大类,然后根据这三类国家的政策选择和战略选择比较得出结论。第一类是全盘照搬或全盘否定西方模式的国家。全盘照搬西方模式国家的其中一个代表就是菲律宾,菲律宾在二战结束的时候是亚洲仅次于日本的比较发达的发展中国家,但直到今天菲律宾还是典型的发展中国家,贫困比比皆是,一半人口仍是赤贫。这一类国家我走了100多个,其中70多个是发展中国家。它们有一个共性,即政治结构是上下脱节的,也就是政治结构和普通老百姓的生活是脱节的。这些国家的议会中讨论废除死刑、同性恋权利、动物权利,很多是后现代化的内容,然而普通的百姓每天还在为基本的生存奔波。所以在这一类国家中找不到成功的例子。而全盘否定西方模式的国家,如委内瑞拉,通常搞民粹主义,国家有一点利益就分给大众,这样也是不行的。

跟这一类国家相比,中国是趋利避害的模式。20 世纪 80 年代,非洲国家的领导人在北京见到邓小平同志都会问他,如何与西方国家打交道。邓小平同志一般的建议就是趋利避害,交道要打,但对资金、技术、管理都在西方国家手里,要心中有数,趋利避害。回望整个全球化的过程,为什么中国始终是全球化积极的支持者,而很多国家包括美国、英国都想退出全球化?最重要的原因就是,中国是全球化的最大受益者之一,而这背后是因为四个字:趋利避害。当初美国推动全球化的时候,实际上不仅希望经济全球化,也希望政治全球化,20 世纪 80 年代到 90 年代的口号是市场化、私有化、全球化、民主化。但是邓小平非常明确,我们只拥抱经济全球化。包括今天,习总书记著作中讲到全球化,其中具体讲的也是经济全球化,这是非常明确的。

在经济全球化过程中,我们也是趋利避害的。以加入世界贸易组织为例,为了赢得开放,中国修改、调整,甚至放弃了近千种规定。但是,对一些确实比较薄弱的地方,如资本账户等,我们保持谨慎的态度。如果没有这种谨慎的态度,那么任何一场金融危机,无论是 1997 年的亚洲金融危机,还是 2008 年的金融危机,中国都极有可能成为牺牲品,几十年的发展成果将被洗劫一空。因为趋利避害,中国守住了底线,而且多数人是受益的。

第二类比较对象是转型经济国家,包括社会主义国家及前社会主义国家。社会主义国家大致上存在两种改革模式:一种是激进改革模式,另一种是保守改革模式。激进改革模式采用的是双休克疗法,即在政治上一夜之间搞多党制、普选,在经济上一夜之间搞私有化、市场化。戈尔巴乔夫后期实施的500天内完成私有化的改造,就是典型的激进改革模式。我跟孔丹曾一起去俄罗斯,就听当地人感叹道,他们原以为自己会成为北欧国家,没想到变成了非洲国家,财富被洗劫一空,男性的平均寿命只有50多岁。为了了解是什么原因导致的寿命减少,我询问了俄罗斯电视台的知名女记者,对方告诉我,因为一到经济危机,俄罗斯的男人就酗酒,而冬天酗酒很容易醉倒在街上被冻死。这是华尔街最得意的一次,近代史上最大的财富转移之一,即从社会主义国家、从苏联转到西方。

保守改革模式的典型代表是古巴。可能大家在微信上了解过古巴,认为古巴医疗免费、教育免费,非常平等。但我在2000年的时候到古巴考察发现,经历过改革开放的中国人很难接受那里的生活方式。尽管医疗是免费的,但医院非常简陋,药店里的药品种类也非常少,只有三四十种。有人会说,这是美国制裁导致的,但经过调研发现,这不光是制裁的问题,也有政府主观政策的问题。举个小例子,古巴的街头有一些小的农贸市场,最开始是给私人经营的,但是因为出现了一些投机倒把的苗头,就被实施了纠偏运动,让市场失去了活力,经济失去了活力。我在古巴街头理发店的经历也很有意思,那是一个国营理发店,一般是十几美元一个人。但因为我是老外,收了我四五十美元。在我理完头发之后,尽管后面还排了十来个人,理发师却说不理了,于是关上了门。可以想象,古巴的日用品和生活用品都是很少的。

相较之下,中国是稳健的改革模式,这个模式最大的特点是经济改革,大规模、大幅度的经济改革,辅以必要的政治改革,同时这里的政治改革也是最终要落实到改善民生层面的,而不是空对空的。后来证明中国稳健的改革模式是对的,尽管不是十全十美,但比较而言,确实比激进模式和保守改革模式效果要好。

第三类比较对象为西方国家。西方国家这么多年来一直在向全世界拼命推销两种模式:一种是民主原教旨主义;另一种是市场原教旨主义。西方忽悠全世界忽悠惯了，结果自己真的相信了，认为西方制度是世界上最好的制度，结果没想到自己国家遇到麻烦，到处搞民主原教旨主义，自己国家内部却民粹主义上升。西方模式一路走衰，希腊破败了，只能靠中国的帮助。

议会民主的发源地英国，连续三年因脱欧激起民愤。在 BBC 的一个采访中，英国的一位神经科大夫表示，因为脱欧问题，病人成倍增长。很多数据都能反映出脱欧将带来的问题，比如，小企业进入欧洲是零关税，但脱欧之后的关税问题还要谈，英镑也会随之贬值。我到英国讲座时就跟当地人说，公民投票是非常初期的民主形式，在 1 万人的村集体中还可以实施。但针对现在英国和欧盟之间由几千个协议文件达成的复杂关系，至少要有相关领域的硕士学位，不然无法理解。针对这种复杂问题，让街上的普通老百姓投票决定，是对国家命运极端不负责任的做法。我给他们隆重地推荐了中国的协商民主。如果以手机通信技术为例，民主投票就像是 1G，最多算 2G，非常原始、粗糙。而协商民主起码是 4G，甚至是 5G，可以更加适应当前的复杂时代。他们问我协商民主怎么操作。我回答，很好操作，在中国，不仅是中央决策部门，每个单位每天都有协商民主。以中国研究院为例，领导班子协商一下，再召开一场会，几轮下来，群众也能理解了。相比之下，英国当前的民主投票最后只会让社会越来越分立。我预测，如果不改革，不出 10 年，大不列颠将变成"小"不列颠。不过实际上，英国是做不了协商民主的，协商民主需要有一个考虑人民整体利益的政治力量，而英国不具备。保守党想搞民主协商，工党不接受，其他党也不接受，反之一样。

我也曾到印度讲中国的制度。11 月 13 日（2019 年）我到印度，一下飞机就被来了个下马威，空气指数 PM10 达到了 500，整个德里北部地区的学校停课，企业停产。我打开电视机，看到当地政府说要召开一个紧急会议，讨论雾霾治理问题，结果原定 29 位议员参与的会议，24 位议员不来，会议因没有达到法定人数而无法召开。一种说法是因为病假，还有一种说法是因为党派政治。反对党认为雾霾就是执政党造成的，双方互相指责，最后干脆不参加会议。由此也能看出这种治理模式存在问题。

市场原教旨主义认为市场可以解决所有问题，然而全世界除了教科书上，再也找不到一个十全十美的、完整的、完全的市场经济。市场原教旨主义真正失效的标志是2008年的金融危机。针对这场由美国引起的金融海啸，不同的资料对美国老百姓的财富减少情况有不同的统计，有的人认为减少了1/5，有的人认为减少了1/4，总之少了一大块。

三、中国成功之路的秘诀

简单回忆两段我给邓小平同志做翻译的经历，和我们讲的中国道路有关。1985年8月28日，邓小平同志会见津巴布韦时任总理穆加贝，我给邓小平同志做翻译。穆加贝是游击队员，因为他的出身，他对中国很有感情，对毛主席很有感情，见了邓小平之后，他讲话很直白，他说中国改革开放在走资本主义道路。邓小平同志跟他非常耐心地解释，说我们不是走资本主义道路，是走社会主义道路。邓小平同志讲了几点我印象非常深，他说我们有党的领导，公有制占主体，公有制要改革，形式可以多样化。后来穆加贝没有被说服，他说第三世界是中国的朋友，还是真诚地希望中国能够坚持社会主义道路。

我在旁边看得出来，邓小平同志不高兴了，抽着烟，讲了一句非常严肃的话，他说，我们还有强大的国家支持，这个极其有力量，我们要把社会主义方向扭转过来，所以问题并不那么可怕。然后他就把客人送走了，送走之后服务员送来小碟子，上面放着小毛巾，邓小平同志擦了擦脸说了句"这个人听不进去，要自己碰"。后来我也经历了不少事情，让我觉得这是一个过来人，特别是一个大政治家的感叹。就像法律界一样，我了解法律界很多人迷信西方法律，恕我直言，这些人是无法被说服的，他们一定要自己碰，碰到头破血流。

接下来不到一个月，我又给邓小平同志做了一次翻译，1985年9月18日，见加纳的时任国家元首罗林斯。那天正好中国共产党召开全国代表会议，这一会议在中共历史上就召开过两次，另一次是在20世纪50年代。当天的会议对中国共产党政治局的班子做了大调整，一批年迈的老一辈革命家下来了，胡启立、李鹏、乔石这一批补进去了，完成了初步的新老交替。邓小平同志参加完这个会后特别高兴，从人民大会堂会议厅走向外面见外宾。见面后他对外宾说道，自己刚刚参加了我国非常重要的会议，谈了选贤任能，大批培养，优中选优，也谈了"七五"计划的制订。当天的会见安排在上午10点，一个小时准时结束。下午3点我们乘飞机到经济特区厦门，当天晚上我们就参加了厦门市人民政府的欢迎宴会。

这里把邓小平这两次谈话中提到的东西做一次总结，就是中国的成功之路。第一点就是党的领导。这里的党和西方所谓的党不同，"党"这个词在西方语言中叫Party，西方的政党叫部分利益党，每一个政党都只代表社会部分利益。但是中国不是这样的，从秦始皇统一开始，历经2000多年，中国都是统一的执政集团。如果不是统一的执政集团，而是采用西方的部分利益党，国家就会四分五裂。古人都知道"百国之和"，需要有一个以整体利益为宗旨的执政集团，所以我把中国共产党叫整体利益党。在国外演讲时，我曾用政治学的话语问他们，像中国这样代表整体利益的社会力量、政治力量，他们国家有没有？回答往往是没有，没有政党可以代表社会整体利益。那要怎么同中国竞争呢？就像印度治理雾霾，没有整体利益党，各党之间互相推卸责任，互相吵架。

第二点是混合经济，是社会主义市场经济，既发挥政府的作用，又发挥市场的作用；既发挥国有企业的作用，又发挥民营企业的作用。理想状况下，这两个板块互相补充。尽管必须承认，有时候这两个板块是矛盾的，甚至矛盾不小，但是中央政府是想促成这两个板块良性互动的。

举个例子，2016年"双十一"，我在牛津大学讲中国模式，我给他们看手机，告诉他们一家叫阿里巴巴的中国企业，一天创造的收益是1207亿元人民币，超过了印度一年的电子商务成交金额。牛津的一位老师就说，这正好说明你们私有民营经济非常活跃，但是国有经济不行。我说不，这说明了我们混合经济模式的成功。在这一成就背后，除了马云的才华、阿里巴巴公司的能力，就是一系列的国家行为，包括中国互联网的治理政策。坦率说，如果没有防火墙，如今中国互联网没有马云，没有阿里巴巴，没有BAT（中国互联网公司三巨头），而是脸书，是谷歌的天下，都会是美国的。因为国家投资基础设施，所以才有了世界最大的高速公路网，最大最好的高铁网。因为国家投资电力，所以夏天家家户户用空调，也没有出现过大规模的停电。还有村村通公路，道路硬化全部做到，4G网站全覆盖，等等。而在美国，一出洛杉矶市区就没有信号，所以很多人说一出国就爱国。我到英国就是这样的，碰到一个"60后"外交官，他的孩子是"90后"，到中国来了一次，对他爸说，觉得英国很落后，到哪儿都没信号。美国也好，欧洲也好，在超市付款要到处找信号，4G基站比我们落后很多。而两三年前，我从昆明到中越边界，车程6小时的高速公路上，可以一直看视频。我们建高速公路时，一并把基站全部建起来了，这是很了不起的。到5G时代，其他国家与我国的差距就更大了，所以我说，这是典型的混合经济的成功案例。

第三点是选贤任能。西方的制度是选举，而我们的制度是"选拔+选举"。中国最高执政团队成员，绝大部分都担任过两任省委书记，有时是三任，习总书记就有在福建、浙江两个省和上海直辖市任一把手的经历，在当政治局常委之前治理过1.2亿人，只有这样历练后才可以进入政治局常委，再经过5年时间才能出任常委书记。中国的选贤任能制度，尽管不是十全十美，还在完善与改革之中，但肯定不会选出糟糕的领导人。有位美国学者曾对我说，中国的政治要改革，要向下辐射，推行普选和多党制,否则没有前途。我告诉他,中国的政治制度一直在进行改革,小的改革从未停止过。反倒是美国的政治制度还是前工业革命时期、农业社会的产物,改革任务比中国还要迫切。当时我就做了一个预测,如果美国的政治制度不进行实质性的改革,可能就会选出糟糕的领导人。

第四点是协商民主。这个太重要了,因为中国的国家规模太大,14亿人。欧洲一个国家的平均人口是1400万,中国人口是100个普通欧洲国家的规模。10年前我写《中国震撼:一个"文明型国家"的崛起》,很多人说中国震撼了吗?我说肯定震撼。为什么?因为规模太大了。不要说14亿中国人的崛起,光是长三角一亿五六千万人,这个崛起就足以震撼世界。举个例子,长三角一亿五六千万人中间的中产阶层有1/10到欧洲旅游,每人买一块瑞士手表,瑞士手表生产企业就要24小时生产。中国就是这么大的规模,是巨无霸,所以影响力是超强的。放到政府决策问题中,一个拥有1400万人的国家,90%赞成,10%反对,多数压倒少数,那10%便没有人管了。但如果在中国,10%的人反对,就是1.4亿人,所以中国文化中就是"有事好商量",一直有这样的传统。不商量,不讲一讲,难以服众。

最后一点是邓小平同志讲的强大的国家支持,对内防止"颜色革命",对外维护国家主权。香港作为一个拥有700多万人、经济较发达的城市,说乱就乱了。所以对于中国内地来说,如果没有中国特色社会主义,没有党的坚强领导,国家不知道会有多乱。史诗级的爱国主义教育就是道路自信的教育。什么叫制度自信?就是相信我的制度比你那个制度好。两个星期前我去香港做了一次讲座,我说,这次在香港搞"颜色革命"的人非常坏,他们把香港所有问题都怪罪到中央政府头上。而我们不背这个锅,历来是"一国两制",香港的问题是资本主义制度造成的,所以制度必须改革,不改革就没有前途。香港挨着世界上最大的消费市场、世界上最大的投资市场——中国内地,以及第四次工业革命的最前沿——深圳,22年过去了,香港的经济没有新的增长点,还是地产经济和金融,这才是问题所在。

我认为应该派深圳市南山区粤海街道党工委书记到香港做一个系列讲座，就谈什么叫深圳模式，什么叫中国模式，什么叫一条街道可以震撼美利坚合众国，这就是道路自信、制度自信。

香港修例风波以后，网络上非常活跃，很多人有真知灼见，智慧在民间。大量的意见出来后，政府通过整合，通过党内党外各种磋商，推出了很多项政策。

四、国家治理能力的中美比较

关于国家治理能力的比较，主要是跟美国比。

第一是扶贫工作的比较，我们到明年（2020年）要消除绝对贫困。目前我们的扶贫标准不低："两不愁"，即不愁吃、不愁穿；"三保障"，即保障教育、保障住房、保障医疗。作为社会主义国家，经过土地改革，我们的人民有土地和房产。而美国有4000万人生活贫困，其中1850万人极度贫困，530万人生活在绝对贫困的第三世界水平。相较之下，我们要彻底消除贫困，是在创造人类历史上的奇迹。

我在印度对此感受非常深，印度的贫困比比皆是。印度学者说跟中国就此比较是一种耻辱，差距太大。如果按世界银行的贫困标准——每天实际收入不到1.5美元——计算贫困，水分较大。比如，四川的一个贫困户，两口子加在外打工的孩子，如果把孩子的汇款算进去就脱贫了。而中国的"两不愁""三保障"是更高的标准、更严的要求，手机、彩电、冰箱都有，这在印度算是中产家庭了。中国一直这样严于律己，相信以后会震惊世界。

2008年汶川地震之后，一方有难八方支援，四川把各个省份协调起来，将基础设施建到了世界一流水平。当时有位肯尼亚的学者，他说这里贫困县的县城，比他们首都都漂亮。我去过四个贫困县的县城，的确比非洲绝大多数的首都更漂亮、繁华、富裕。现在有的贫困县城车满为患，车辆保有量看上去甚至比二三线城市都高，虽然汽车品牌差一点，但能看得出来老百姓的富裕程度，这给了我很大的自信。

第二就是老百姓资产的比较。这个数据全是公开的，谷歌可以搜到，纽约大学经济学家爱德华·沃尔夫做了一个有关美国家庭中位净资产的计算，即排除了最富和最穷，美国的中位净资产水平在1962年的时候是55 500美元，包括储蓄、股票、房子。"文革"后期，我一个月的收入是18元人民币，第二年是24元，第三年是36元，当时中国人没有私有财产，55 500美元比中国人的资产高100倍都不止，美国人是绝对的富翁。2013年，美国的家庭中位净资产是63 800美元，合四十五六万元人民币。虽然没有中国的具体数据，但凭我对中国社会的理解，连房产算在内，四十五六万元的三口之家，在上海、北京肯定是很小的群体。美国的家庭中位净资产水平，在中国的发达板块是弱势群体，在中国的普通板块也就是中间或者中间偏下水平。很多人不相信美国有庞大的贫困群体，只要你在美国真正地生活过，你就能体会到。美联储发布的《美国家庭经济状况报告》显示，20%的美国人没有银行存款，44%的美国人遇到突发状况拿不出400美元，约70%的美国人遇到突发状况拿不出1000美元。而美国人不存钱的理由：39%是因为生活开支太大，无钱可存；14%是因为工作不够好，收入太低；13%是因为需要还债，拿不出钱；16%的人认为还没到存钱的时候；6%认为没有必要。只有最后这两类加在一起，这22%的人是因为主观上认为不需要存钱，剩下的接近70%的人是出于经济原因没有钱可以存。这就是对比。

第三就是基础设施。纽约华尔街地铁站地面上是金融大鳄，地面下是简陋、粗糙、肮脏的地铁站。我的学生还笑称，华尔街地铁站是我们爱国主义教育基地。美国的地铁系统是100年前建的，使用至今，为什么不修？因为修不了，而修不了的背后是制度问题。要修地铁，就需要封路，影响商户、公司和普通人的生计，而他们都可以跟政府打官司，所以没办法修。去年（2018年）10月，我在洛杉矶租车，老板就提醒我说高速公路坑坑洼洼，要注意爆胎。当地的高速公路是20世纪60年代建的水泥路，也是至今无法重修，因为拦路会损害很多人的利益。就像加利福尼亚州建高铁一样，20世纪80年代，当地人都投票要建高铁，但至今一公里都建不成，因为航空公司、旅行社等，很多人要打官司。

我自己在国外打过官司，对西方的法治社会有切身的感受。美国是典型，已然变成律师治国。举个例子，关于美国公民使用枪支问题，有一部分力量反对用枪，希望改革。而阻碍改革的人说这是美国《宪法》里的条款，老百姓可以用枪。修宪是非常困难的，需要3/4的议员同意。律师群体绝大多数也都支持用枪。一个典型情况就是，如果有人敲门，你觉得他可能是贼或强盗，并开枪打死了他。事后接受采访或审问时，你一句话都不说，并要求跟律师谈，这是美国最为标准的操作。所以，从这个角度就可以看出来，律师这个团体是不愿意进行改革的。奥巴马的医改方案之所以有2000多页，也是考虑到各种各样的既得利益者，其中就包括律师。有很多律师就靠某种病、某几种药维持生计，为其他人提供解释，形成了既得利益。在中国，共产党从整体利益出发，调整政治安排和进行改革，与西方国家不同。

五、贸易争端与香港问题

下面简单谈谈中美贸易争端。复旦大学中国研究院是国家高端智库，中美贸易争端一开始，中央领导就要求我们提出自己明确的看法。当时我们就认为美国打不赢，微信等平台上宣扬的情绪是悲观的，大多为投降派，说美国一旦向中兴断供芯片，大家的手机就不能用了。但实际上，我们国防都是使用自己的芯片，如北斗系统、太湖之光超级计算机用的都是中国自己的芯片。而中国高通、中兴公司等使用美国芯片，是因为我们把美国公司提供的芯片当作普通商品，是花钱就能买的正常商业行为，而特朗普错误地把普通产品当成了武器。要将普通产品都变成武器，美国超市70%的产品是中国生产的，比如，螺钉、螺帽是中国生产的，96%的重要抗生素是中国生产的，还有稀土等。所以，一手好牌怎么会害怕呢？害怕的应该是美国。这是第一个原因。

第二个原因是"将帅无能，累死三军"。特朗普的决策过程太粗糙，先发推特，后开听证会，这是乱来。应该是反过来，先开听证会，再对外发布。

第三个原因是"得道多助，失道寡助"。我们到访英国，英国人说，尽管他们是美国的盟国，但这一次不会帮美国，因为美国正在破坏和反对他们所信奉的基本的规则，即多边主义自由贸易。

所以贸易争端最后就是"你打你的，我打我的"。这是毫无疑问的，这个仗美国要打，我们不想打。但是挑起之后怎么打，什么时候结束，以什么形式结束，操之在我，由不得美国。

最后谈谈香港修例风波。我在《这就是中国》第 35 期专门讲了香港问题，很受欢迎。西方特别是美国长期布局，美国在中国香港的总领馆的人数超过了在北京使馆和上海总领馆的人数之和，此外还有其他非外交人员、机构长期存在，"颜色革命"一直在酝酿。

香港本身受英国殖民 150 多年，缺乏中国近代史教育，很多人甚至连鸦片战争都不知道。教科书的问题、司法制度的问题、社会结构的问题并存。按照马克思主义的分析方法，香港的社会结构是资本力量绝对主导。香港的纸质媒体多，街头小巷皆有售卖，通常一本报刊中 90% 是广告，含金量低，广告以房地产为主。我可以很肯定地说，今天中国任何一个贫困县的县城，老百姓的住房条件都比香港要好，香港的年轻人看不到希望。所以香港的社会结构一定要改革，资本力量控制媒体，从而左右政府的这种风气一定要改。当年董建华一上台就推出了 10 万多套住宅，解决香港住房短缺的问题，但马上就被各种各样的理由给否定了，同时赶上亚洲金融危机。媒体被控制之后很容易转移矛盾，比如，香港想填海造田，突然就有了环保运动，导致不能开发，政策被左右。资本主义制度改革，一定要解决这个问题，否则会出大问题。

实际上我们的制度很好，是香港的制度出了问题。当初邓小平说50年不变，是因为比较欣赏当时的行政主导。但实际上香港的行政主导已经弱化了。司法制度导致警察抓人、法庭放人，教育制度培养了一大批的"废青"，媒体公开站边，镜头全部对准警察、爱国人士，不让他们把意见说出来。香港制度确实需要改革。

中国要从道路自信视角看待这个问题，我们中联办、负责港澳问题的同事一定要坚持道路自信。美国最保守、传统的基金会给香港的评价是，世界上最自由的经济体，我们的媒体也跟着宣传香港是最自由的经济体。如果从道路自信的角度来看，这说明了中国"一国两制"资本主义制度的顺利运作。从中国自信、道路自信、政治自信的角度还要加一句，香港的制度还存在一个问题，就是经济怎么转型。22年过去了，经济结构没有任何调整，不转型怎么能创造新的经济增长点，怎么增加就业，年轻人怎么看到希望？所以我当时在《这就是中国》中讲，香港如果不进行资本主义制度改革，就会沉沦，最终将成为中国道路自信的教育之地。一个好端端的城市，不思改革，不思进取，在资本主义制度下导致了各种各样的问题。

中国作为文明型国家，拥有超大型的人口规模，超广阔的疆域国土，超悠久的历史传统，超丰富的文化积淀。中国崛起对中国治国理政是巨大挑战。但是中国一旦完成这个挑战，将是全世界最成功的。以高铁为例，每年春运面临30亿人次的压力，需要对应运力在一个月内完成，由此可见，中国的高铁技术一定是世界一流的。因为它不仅要适应人口压力，还要适应地域，适应东北的冻土、四川的山区、云贵高原等。治国理政也一样，能够应对最大规模的人口和广阔疆域国土的挑战，这个制度一定是最好的之一，否则不能解决这些挑战。美国导演琼斯拍了一部电影《她》，讲的是在洛杉矶未来城市发生的爱情故事。很有意思的是，电影背景是未来的洛杉矶，却是在上海拍摄的。

如果大家对这些话题感兴趣，那么我向大家推荐观察者网，它于2012年异军突起，成为国内影响力最大的时政网站之一。我们坚持不讲套话，不讲官话，做原创性的研究，核心团队都长期生活在国外，直面所有问题，和国际社会进行比较。我们的特点是要具有战斗力，一个问题出来，在还没有任何限制时，赶快发声，第一个发声。结果证明效果非常好，当然，我们也写过不少检讨。但总体来讲，中央还是非常肯定的。

点 评

刘纪鹏：孔丹总评价张维为有担当、有勇气、有能力，在前几年复杂的意识形态环境中敢站出来，敢说敢讲，这是需要担当和勇气的。我也同意这个判断。张教授在有担当、有勇气、有能力之外，还有作为、有水平。张维为教授今天娓娓道来、温文尔雅、不急不躁，跟大家进行了东西比较、中外比较，解释了我们中国这些年是怎么走过来的、为什么成功、做对了哪些、做错了哪些。

有时候，自在山中很难察觉。张维为教授经历了西方、东方、南方、北方，走过100多个国家和地区，所以他讲得有力、有理、有据。一个简单的例子包含了复杂的、尖锐的问题，如中美贸易、香港问题。改革开放前，深圳的GDP不足香港的1/100，但去年（2018年）深圳的GDP总量已经超过香港了。香港回归的时候，香港的GDP是内地总GDP的1/3。那时候我们向香港学习，把香港作为政治、经济上对外开放的窗口，但现在需要反思，这个治理制度是不是出了问题，包括英国自身是不是也出了问题。

张维为教授过去在上海社科院当中国研究所所长，现在是复旦大学特聘教授，任职于复旦大学中国研究院。中国研究院是我国首批25家高端智库之一，本人也是高端智库理事会成员。我党历史上第一次由习近平总书记主持召开的哲学社会科学工作座谈会上，张维为作为10位哲学社会科学代表人物之一，向总书记汇报。当时中国政法大学的马怀德校长也在现场，并和习总书记做了互动。总书记在会上做了重要的"517"讲话，充分肯定了哲学社会科学的功绩和重要作用，但也指出了八大不足，包括话语体系、学科体系建设水平不高，哲学社会科学训练培养教育体系不健全，人才队伍总体素质亟待提高等；以及三大差距，包括和党中央的期待有差距，和社会发展、社会期待有差距，和经济世界第二的地位有差距。

习总书记还讲到了"逆差"、"反差"和"落差"，我的理解就是我们的文化产品、知识产品、思想有"逆差"，对内对外形象有"反差"，经济和实力有"落差"。这些年政治学和经济学可以说是三部曲：20世纪80年代引进西方教材；90年代我们的教授出国，发现三流教材，如饥似渴地将其翻译成教科书；到第三阶段，翻译西方的名著。现在看来，名著也是站不住脚的，我们在知识界当了很多年西方的"小学生"。

我们的另外一位同行——郑永年，他写的东西还是值得学术界、文化领域反思的。他说中国经济上去了，思想、知识在原地不动。今天他又在《联合早报》写了一篇文章，说知识界不能回答当今世界面临的挑战，如全球化、难民等问题，这是思想的匮乏。而这些思想可能就在中国政法大学，在中信大讲堂，在志同道合的人当中产生。

我有几个愿望。

第一个，我希望张维为教授的团队，不光要宣讲中国，认识中国，还要治理中国，回答中国之治的问题。

第二个，希望我们有充分的自信，但是不能自满，因为未来还有太多的风险与挑战。习总书记两次在中央党校跟中央委员的谈话中提到八大危险和16个方面的风险，每个关口都是对我们的重大考验。香港问题也是一个关口，是对中国形象、中国道路、中国治理的重大考验，涉及面对中西方竞争我们应该怎样应对的问题。

第三个，希望我们智库不光做好外宣，还要做全面性的、预警性的、战略性的、前瞻性的研究。后者更重要，是时不我待的，不光是社会时代的需要，也是党中央和人民的期待。

江宇：张教授是我的老师，也是前辈。我和在座的很多同学一样，在读书期间经常在网上和别人辩论，甚至吵架。但读张教授的书和看他的视频时，发现他的一个很突出的特点就是娓娓道来、温文尔雅，"谈笑间，樯橹灰飞烟灭"，体现出一种自信。我认为这和邓小平同志的举重若轻是一脉相承的。

非常荣幸接到这个任务，作为后辈有机会谈一点思考。我一直在思考用一个什么词来概括今天张维为老师讲的内容。后来我看到张维为的名字，灵机一动，感觉他名字这两个字就可以很好地概括我们中国道路的特点。

第一个"维"与唯物主义的"唯"是谐音。我们坚持辩证唯物主义，我们的传统文化中就有朴素的唯物主义思想，我们对政府和市场、集权和民主、法治和德治、独立和开放，一直坚持辩证法，从来没有走到任何一个极端。邓小平同志讲的趋利避害，是非常有远见的，不打开国门，就没有今天的经济实力，就没有任何条件来说制度的优越性。

有人批评新中国成立前的中国、改革前30年的中国，所走的路线，实际上当时我们很清楚毛主席讲的"大仁政""小仁政"，为了国家的长远发展，坚持高积累率，那一两代人做出了极大牺牲，这是"大仁政"。为什么我们可以这样做，而津巴布韦却走向极端呢？因为我们党和人民是长期合作的关系，是人民命运共同体。

第二个"为"是知行合一，是作为的"为"。从毛泽东、邓小平到今天的习总书记，在很多具体的政策上都有很大的创新，但有一点是一样的，那就是不照搬任何模式，不依附任何国家，而是从现实中探索，所以我们可以避开各种陷阱。不仅是从新中国成立到改革开放这30年的"三十而立"，改革40来年的"四十而不惑"，还有再下一个30年，可以解决很多西方解决不了的问题。习总书记讲过一句话：历史是要前进的，任何犹豫者、懈怠者、观望者都跟不上历史的步伐。

今天在场的所有人都是和历史同行的人，我们大家继续一起向前走，一定能走向胜利的彼岸。

互动提问

问：我想问，尽管我国目前的选贤任能制度是对大众开放的，但最终的政治局领导都是有背景的。长此以往，中央的领导集团会不会固化？

张维为：固化需要通过国际比较而言，中国社会，无论是过去还是今天，应该说是最不固化的。我们的高考制度，分数面前人人平等，美国没有、法国没有。我们干部人员都需要经过高考，勤勤恳恳地工作，接受党方方面面的培养。你如果真心想从政，就不要担心这个路长，都是如此走过来的。几十年的历练非常不容易，但是非常全面，政治、经济、社会、外事都管过，才可能出类拔萃，优中选优。哪怕有背景，也是几十年的历练，非常不容易，千万不能只听网上说。实事求是，我们的领导人都是经过大量历练的。习近平总书记有一本著作叫《摆脱贫困》，这本书中讲扶贫，其中相当大比例谈到如何解决思想贫困。尽管习总书记当时才30多岁，但对很多问题思考得很透彻。我曾把最新版本和1990年的版本做过比较，是一模一样的，没有改动。要做大事，要励志，一定要有大局观，要有整体利益观。

总结来说，中国的上升通道是，只要你努力，没有任何力量会阻拦你。相较其他国家而言，中国的空间是很大的，很多人改变了自己的命运。即使有一点背景，不管什么背景，都还需要经过长达几十年的历练，做出政绩。政绩是人民看得到的，改变一省一城才可以上升，这个要求很高。

问：您如何看待中国的金融牌照问题，是对金融产业的选择性干预还是歧视，抑或是变相扶持垄断？

张维为：资本市场开放要非常谨慎，这是我们一贯的建议。如果真的全部开放，就需要考虑这个仗我们能不能打赢。举个简单的例子，亚洲金融危机爆发的时候，一夜之间印度尼西亚盾贬值到之前的1/7，然后华尔街的人马上要求当地企业按照当天的汇率将印尼盾卖出。我们不能上新自由主义的当，因为经历过金融危机，新自由主义在整个欧洲大陆，包括瑞士、法国、德国，现在可谓是老鼠过街——人人喊打。很多欧洲国家的金融资产早就被席卷一空，没有现金流，希腊今天的ATM（自动取款机）一天最多只能取100欧元。中国这一仗肯定是要打的，在香港已经发动了，但我们要做好准备，千万不能上新自由主义的当，这是我最关心的。金融板块的人太多了，好在我们有党的领导，我相信我们可以赢得这场战争。

问：国内还是有财富分配失衡的问题，还有些阶层的利益已经产生冲突，如炒房跟刚需的利益冲突，您如何看待这个问题？

张维为：特朗普发了一个推特，说中国股市在大跌，美国贸易战赢了。网民的第一条跟帖很有意思，说特朗普总统搞错了，因为中国股市和中国经济没有关系。包括你讲的财产分配后形成利益集团的问题，我认为应该先肯定再改进。不管今天年轻人对房价有多少抱怨，但如今中国的住房自有率、房屋拥有率都超过了西方国家，这是不得了的。你可以抱怨说自己就一套，还要付房贷，但山西的煤老板有30套，这不公平。这一点无法否定，但中国绝大多数人都有房子，起码父母是有房子的，我们先肯定，这已经很了不起了。

在这个基础上，再想各种各样的办法进行第二次分配，我相信中国人有智慧找到方法。邓小平同志找到一部分地区先富，然后带动其他地区发展的办法，做得相当不错。过去10年中，西部地区发展得也很快，虽然先富带动后富还没有完全做到，但总体上是朝着这个方向努力的。

问：当前中国自身面临的最大挑战和困难是什么？

张维为：我觉得很大的挑战之一就是中国自己的话语，这么精彩的故事讲不好，我们都着急。香港的通识教育教材一塌糊涂，都是骂中国自己的。但是回想20年前，甚至今天，我们有编教材的能力吗？用我们自己的话语形成一套教材，而且这个教材要能得到学术上、政治上的赞同，这是个很大的挑战。

话语一定要建立起来，一个国家崛起如果没有话语崛起，那么再精彩、再成功的故事都可能被人讲成失败的故事。最经典的例子就是2011年温州的动车追尾事故，当时网上全是否定的声音，否定生产和推行高铁的国企和政府，但实际上我们的高铁贡献巨大。话语太重要了，不光要做好，而且要说好。

纪鹏荐语

6

40多年的改革开放使中国发生了翻天覆地的变化，中国由一个积贫积弱的国家一跃成为世界第二大经济体。中国改革的成功举世公认，但成功在哪儿？至今我们没有系统的总结。

我认为中国改革的成功，不仅在于确立了社会主义市场经济方向，更在于成功的改革方法论：(1) 渐变稳定、循序渐进的改革方法；(2) 从易到难、由浅入深的改革顺序；(3) 尊重国情，批判借鉴国际经验；(4) 内部主体主导改革。正是在这一成功改革方法论基础上，中国敢于对照搬照抄西方模式说"不"，并走出一条尊重国情、借鉴国际规范的中国道路。

习总书记倡导的"共商共建共享"的全球治理理念，在"一带一路"建设的实践中得到成功应用，为解决全球性挑战指明了一条合作共赢的道路。我们应该在"一带一路"建设中把成功的经验与国际社会分享，自觉遵守市场经济环境中的普遍准则，寻找与国际社会的共识和共融。

我们不"输入"外国模式，也不"输出"中国模式，不会要求别国"复制"中国的做法，但我们愿意同各国分享发展经验。

11月20日晚6点30分，中信大讲堂暨蓟门法治金融论坛邀请复旦大学中国研究院院长、中信改革发展研究院资深研究员张维为主讲《从中国改革成功看中国崛起之路》。

张维为教授毕业于复旦大学外文系，获日内瓦大学国际关系博士学位。曾担任过邓小平和其他中国领导人的英文翻译，并走访过100多个国家和地区。著有《邓小平时代的意识形态与经济改革》（英文）、《改造中国：经济改革及其政治影响》（英文）和具有重要影响力的"思考中国三部曲"——《中国触动》《中国震撼》《中国超越》。其中《中国震撼：一个"文明型国家"的崛起》一书于2011年9月被时任国家副主席习近平推荐给来华访问的时任世界银行行长佐利克，《中国超越：一个"文明型国家"的光荣与梦想》一书曾获中国特色社会主义理论体系研究优秀成果一等奖。

2011年,他与"历史终结论"提出者福山先生有过一场关于中国模式的著名辩论,社会影响巨大。2016年5月,在习近平总书记主持的全国哲学社会科学工作座谈会上,他曾就理论创新、中国话语建构和新型智库建设等议题发言。

　　张维为教授的这次讲座对国人深刻感受中国改革成果,正确认识中国崛起之中国道路,具有重要的理论和现实意义。

　　本次讲座的另一大亮点是,中国40多年改革开放的实践者和见证人、中信改革发展研究基金会孔丹理事长的开场致辞,以及中国社科院政治学研究所所长张树华、国务院发展研究中心副研究员江宇的精彩点评。

第七篇
中国模式及其未来

蓟门法治金融论坛第 83 讲

主讲：郑永年　新加坡国立大学东亚研究所前所长，

中信改革发展研究基金会海外顾问

时间：2019 年 12 月 11 日

地点：中国政法大学蓟门桥校区

点评：潘维、杨光斌、黄进

互动提问

致　辞

刘纪鹏：大家晚上好，今天是中信大讲堂·中国道路系列讲座第 60 期，也是蓟门法治金融论坛第 83 讲。中信大讲堂秉承的是坚持实事求是，践行中国道路，发展中国学派。而今天这一讲恰恰就是践行这样的宗旨，题目就是《中国模式及其未来》。

众所周知，40 多年的中国改革得到了举世公认的成功。但是成功在哪儿？40 多年过去了，我们却始终没有系统地总结，以致很多人还在怀疑这条道路，所以今天的讲座就包含这样一个内容。

很多人讲中国改革获得成功取决于两个条件：第一个是市场经济发展的确立；第二个是成功的改革方法。改革方法具体包括渐变稳定、摸着石头过河；由浅入深、由易到难的改革顺序；在尊重国情基础上的借鉴国际规范；内部改革主体论和坚持党的领导。这样的成功可以追溯到 1978 年 11 月，中国伟大的改革开放总设计师邓小平同志，在新加坡和另一位世界著名的领袖人物李光耀有过一次长谈。这次长谈对中国的发展模式，探索东亚体制国家文化政治背景有深刻的经验，值得回顾。

两个东亚国家，实际上都是在党和国家领导下，全力推进市场经济改革和开放的。有位学者对这两个国家同时做了总结，他长期在新加坡东亚研究所工作，对新加坡非常了解，同时跟新加坡的政要也有很好的研究关系，再特别考虑到新加坡 75% 以上是华人，李光耀先生也是我们广东人，从这个意义上来讲，回过头来探索中国的模式和道路，这位学者有着独特的优势。

多年来他长期在中国基层调研，写了 10 多本书，有的被作为中央党校的教材，受到党和国家领导人的高度重视，我们的领导人也曾与他探讨过中国改革如何实现更伟大梦想的方法和道路。他就是我们的郑永年教授。今天的讲座就是在这样的背景下,对改革开放40多年的经验进行总结和展望。

孔丹：中信是改革开放的产物。1978年12月22日十一届三中全会结束,开启了改革开放的进程。1979年1月,邓小平找到5位工商界的老前辈,说服他们为改革开放贡献力量,于是有了中信。所以我认为中信的基因就是改革开放。改革开放最初没有那么多的顶层设计,只有一个方向,那时候实际上需要抓手：特区是抓手,深圳、珠海、汕头、厦门四个特区；中信也是改革开放的一个抓手,是改革的前锋,开放的窗口。

中信成立40周年,现在总资产6.7万亿元人民币,连续第11年上榜美国《财富》杂志世界500强,现在位居第137位。中信改革发展研究基金会是2014年成立的,目的是积极配合党和国家的重大决策和部署,围绕社会科学各领域的重大问题,特别是围绕中国特色社会主义发展道路和发展模式,开展深入的专题研究。今天这个题目非常符合我们基金会的宗旨。

中信改革发展研究基金会是央企兴办的社会智库,在国内尚属唯一一家,我们是以企业为背景的智库。我们的宗旨概括为坚持实事求是,践行中国道路,发展中国学派。我们中信基金会力求发挥偏师的作用。2017年我们中信基金会被纳入国家高端智库的培育单位,现在围绕党和国家工作重点开展各类课题研究,正在发挥民间智库的独特作用。

我认为中国学派立足于中国本土的实践基础,从中国自己的需求和视野出发,具有中国气派、中国风格,推动和实现思想创新、理论创新、话语创新。中国学派不只是研究中国的学派,也要研究世界,但是要以中国为立脚点,为出发点,为归依。

在我看来，毛泽东、邓小平就是近现代中国学派的创始人和推动者。习近平总书记现在就是中国学派的实践者和引领者。所以中国道路系列讲座要充分利用中信改革发展研究基金会联系的专家资源，和高等学校合作举办公益性讲座，探讨研究中国发展问题，传播践行中国道路的理论和实践。

中信改革发展研究基金会的功能有三点。一是研究问题的平台，我们请了很多专家来研究问题；二是正面发声的窗口，我们有刊物，有中国道路丛书等；三是建言献策的渠道，我们对决策的一些意见也得到过中央领导的肯定。

郑永年老师是中信改革发展研究基金会的海外顾问，也是著名的中国问题专家。郑老师关于中国问题、西方国家认识、中美博弈重大问题以及香港问题的一些看法、判断，我个人是受到很大启发的。我相信不仅对社会，对舆论界和理论界也有很好的启发作用。

马怀德：7年前的这个时候，十八大刚刚召开，我应教育部的指派，和我们学校国际法学院的孔院长一起去新加坡参加大学校长论坛。孔院长曾经在郑永年教授所在的国立大学的东亚研究所工作过，于是我们冒昧地去拜访了郑永年教授。我当时表示，希望郑永年教授能够来中国政法大学做一次讲座，时隔7年，我们的愿望实现了，不仅请到了郑教授，还让郑教授加盟了中国政法大学，以后就不是7年来一次了，应该是一年来7次。所以要感谢孔丹理事长帮忙创造了这么好的机会，也感谢在座的各位朋友这么热情地来聆听讲座。看到大家这么热情，我相信郑教授一定会再来的。

郑教授为什么能蜚声海内外，孔丹理事长讲了三方面原因。

第一，他了解中国实际，经常做调研，跑了很多地方，在华南理工大学还有专门的研究机构。

第二,他是在海外观察中国,这是一般人没有的优势,他可以保持距离地去观察和分析中国。

第三,他能够联系民意和上层的关系,他是我们国家很多高层的座上宾。

这样三个原因注定了他在中国问题研究、中国模式研究,以及中国经济研究方面,有很多独到的见解和分析。今天到场这么多人也足以说明郑教授的影响力。

我 1986 年来过中国政法大学一次，那时候我在北京大学读研究生，替我的老师在这里代过一次课。今天非常荣幸到这边跟大家做交流。

我喜欢做社会调研，不太相信教科书，大学毕业后，就没有再读过教科书。教科书是对社会经验事实的高度抽象，但有时候太抽象了，就很难理解。我就像小说里的丐帮弟子，到处看，到处走，我觉得这是一个很好的视角。

一、制度之争

要讲中国模式，首先要知道西方模式，所以我去美国、欧洲专门考察了西方国家的体制是如何运作的，而不是从教科书上了解它们是如何运作的。

中美贸易争端已经持续快两年了，其谈判的核心已经远远超出了贸易领域，而是进入了体制领域，所以我觉得中美之间不是经济之争，而是制度之争。

一方面，说起来自 20 世纪 90 年代开始，西方国家最担心的还是中国的制度。中美两个国家比较之下，中国的经济总量很大，但是人均 GDP 不到 1 万美元，而美国人均 GDP 有 5 万多美元；技术方面美国比中国先进；军事方面虽然中国的军事力量发展得很快，但美国也不怕中国，关于五角大楼的"中国军事威胁论"也多是为了给他们自己争取预算。所以,美国在经济、技术和军事上都不惧中国,唯一担心的还是制度因素,他害怕中国的制度对其他国家,尤其是发展中国家产生影响。中国自己也提过,中国的制度可能是除西方之外的另外一种替代选择制度。

另一方面,制度之争不可避免,如香港的修例风波。从王阳明知行合一的角度来说,香港的修例风波主要是因为他们的知识和思想出现了问题,导致了今天的抗议和暴力。他们相信西方的制度,所以他们去争取。这还是制度之争的问题。中国香港这样的年轻人,在新加坡有,在中国台湾有,在中国大陆也有。

我跟中国的大学交流很少,有一点困惑的是,我发现中国的大学和知识界有一些原教旨主义者。比如,20世纪90年代,一个代表团来新加坡交流,其中一位学者比较印度高铁和中国高铁,他的结论是,中国的高铁是不可持续的,印度的高铁是可以持续发展的。这就是个选择问题,你选择印度高铁,我选择中国高铁,如果你觉得印度高铁各方面一定比中国高铁好,那就没有办法沟通了,沟通还是要有一些基本共识才可以的。

二、西方制度面临的问题

(一)西方内部的民粹主义和外部的民主主义的崛起

西方国家和中国对中国制度的看法是一样的。王岐山副主席多次提到西方对中国的两种看法:一种是捧杀,一种是棒杀。捧杀就是说中国的制度好得不得了,比西方还要好;棒杀就是骂,说中国制度不好。国内也基本上是这两种:一种就是只能说好的,有的时候也过度自信得有些离谱;一种是只能说坏的,最后就是骂骂咧咧。

过度自信和过度悲观都是不可取的,西方也是一样。美籍日裔学者福山在20世纪90年代提出"历史终结论",认为西方制度是最好的,这就是过度自信。没过多少年西方制度就出现了问题,比如,西方内部的民粹主义和外部的民主主义的崛起。

英、美一个是不成文宪法，一个是成文宪法，都是民主和自由的模范。但英美为什么率先陷入了这么大的危机？英国因为有"脱欧"的问题很不好过；美国现在要弹劾总统，也很不好过。很多人说这应该怪英国的新首相，怪美国的特朗普，我觉得一个国家的实际情况不能只怪某个人。尽管很多人不喜欢特朗普，但我倒是蛮喜欢他的，因为他有话直说，没有西方其他政治家的虚伪。

为什么西方内部的民粹主义和外部的民主主义会崛起？以中美贸易争端为例，美国认为这是中国的责任。BBC（英国广播公司）最近有一个节目中提到，美国在中国改革开放的过程中帮助了中国，所以中国的崛起是在美国帮助下完成的，现在轮到中国帮助美国了。当然，这是开玩笑，但是由此可以看出美国内部民粹主义的崛起源于经济上的问题。就像是马克思主义中描述的，经济基础决定上层建筑，经济基础发生变化了，民主肯定要发生变化。

以前人们总把西方的发展当作民主的结果，简单说，就是把好的东西都归结到民主身上，这是非常不客观的。民主是一个好东西，但是西方很多方面的发展跟民主一点关系都没有。以英国为例，英国的决策者是谁？早期是贵族阶级，商人阶级崛起以后，就开始跟贵族阶级分权了。马克思说过，民主是资产阶级的民主，国家是资本的代理。18世纪和19世纪，英国就是商人政府，到今天为止也没有大的变化。

在早期的西方民主中，精英之间是共和关系，所以有人说民主是策略。当时英国的统治阶层，大家都是师兄弟，一个"左"一点，一个"右"一点，轮流执政，但都有高度的共识。美国也差不多是这样。这是民主的第一步。

民主的第二步就是工人阶级的民主，也就是福特工厂时代的工人阶级。福特工厂时代兴起的大规模化生产，把以前的无产阶级，也就是工人阶级，转化为中产阶级，所以，从第二次世界大战开始到20世纪70年代，是西方民主最好的一段时间。为什么好？有人说是因为多党制、两党制，其实并不是，是因为中产阶级的壮大。这个阶段，包括美国在内的西方国家的中产阶级占比高达70%。不论是两党制还是多党制，都要照顾中产阶级的利益，所以不会走到极左或者极右，这就是中产阶级的力量。

现在为什么发生了变化？因为美国的中产阶级规模缩小了，从20世纪70年代的70%下降到了今天的47%—48%。在奥巴马当总统的8年里，美国的中产阶级以每年一个百分点的速度减少。中国的中产阶级规模还小，从贫穷到富裕的过程慢一点没有关系。美国是由富裕到贫穷，每年一个点的下降速度是很难让人接受的。

特朗普上台之前，没人猜到美国的白人会成为民粹主义的主力。在主流观念里，美国白人是社会的中流砥柱，只有少数人群、边缘人群等才会搞民粹主义。但现在恰恰相反，白人成了民粹主义的主体。特朗普的当选就是美国白人的公投。

之所以出现这种情况，就是因为美国的经济形态发生了变化。以两个时代为例，以前是福特工厂时代，有资本有技术就可以开工厂，工人就会有就业，政府就有税收。福特工厂时代最大的功劳就是把无产阶级转化成了中产阶级。比如，美国当时对中产阶级的定义就是有车、有房、有稳定的工作。

现在是苹果手机时代，全球化、大规模化生产时代，经济结构发生了很大的变化。在这个时代，美国有资本、有技术，但是没有本土工厂，没有工人就业，没有政府税收。全球化大规模生产使中国短短几年就成了世界的制造工厂，很多中国工人就是当年的美国工人阶级。美国在全球化的进程中，通过技术赚取了巨量的财富，但是这些财富仅仅流到了少数人的口袋里面。此外，人工智能、自动化等技术的进步也导致了就业的减少。比如，以前华尔街的投资家需要雇用很多的中产阶级进行交易，但现在情况完全不一样了，很多交易都由软件来完成，而且效率大大提高了。

这两个时代完全是两种形态。所以现在社会分化加剧、收入差异加大、中产阶级萎缩，这是西方国家共同面临的问题。在这种情况下，外部的民粹主义肯定会崛起。美国在一人一票的民主制度之下解决不了内部问题，只能将内部矛盾外部化。

（二）一人一票民主制度的问题

一般谈到西方国家制度的时候，人们会把自由、民主连在一起，但实际上自由和民主是两码事。我认为西方国家的发展和发达是因为自由，而不是因为民主，反而现在的民主"杀死"了自由。有一本刚出版不久的书，翻译过来的书名是《为什么自由主义失败了》，作者是美国一位教授，他是个自由主义者，写这本书来反思自由主义跟民主之间的矛盾。

现在西方国家一人一票的民主制度并不是一直都有的。西方国家200多年的民主历史中，一人一票的民主制度存在的时间连1/4都不到。瑞典是第一波民主的典范，也是到1971年，女性才有选举权。美国民主制度中，黑人获得权利是在20世纪70年代的民权运动以后才开始的。民主是分阶段的，第一次世界大战和第二次世界大战是民主发展最快的时期。在一战之前，如英国，民主制度不像今天这样，那时候只有很少数的纳税人才有选举权。

大部分的西方制度都是在贵族专制或者绝对专制的情况下建立起来的。西方国家的基本制度可以分成三类：第一类制度就是基本政治制度和阶级制度，这些都是在西方国家民主化之前建立起来的，如果民主化之前建立不起来，那么民主化以后就再也没有机会建立了；第二类制度是在民主化以后才建立的，如选举等；第三类制度是民主化以前建立的，民主化以后转型的，如福利制度。福利制度是在民主化以前建立起来的，和民主没有关系，但民主化以后，特别是一人一票民主制度建立以后，推动了福利制度的发展，但同时也带来了问题。

为什么现在西方的一人一票的民主制度出现了问题？从利益的角度来看，一人一票代表着一人要拿一份。从福利的角度来看，一人拿一份的制度如何能生存下去？首先一人要贡献一份，但是民主制度保证了一人可以拿到一份，却没有任何机制可以保证一人贡献一份。为了保障一人一份，富人就要多贡献。但富人也需要公正，所以从20世纪80年代开始的全球化是富人的全球化。

西方国家从二战到20世纪70年代开始实行凯恩斯主义，这也是福利制度发展最快的时代。福利制度的发展也导致了官僚体制的膨胀，而且影响了经济的发展，进而发生了里根-撒切尔革命，这场革命实际上是"资本"对"福利"的不满。资本也很聪明，美国的资本不愿多缴税，于是就跑到了中国等其他发展中国家，也就是经济全球化的开始。资本是流动的，而人不能流动。经济全球化不仅赋权资本，使资本找到了西方之外的财富源泉，更使得资本可以逃避本国的高税收政策。

经济全球化所导致的资本流动，使主权国家政府失去了经济主权，今天没有一个西方国家可以宣称其拥有经济主权。现在的西方国家通过民主很难形成有效政府，这些问题可以说是市场的失败。但是当市场失败了以后，政府必须有所为，否则就说明政府也很失败，所以西方国家现在面临着双重失败。

（三）一人一票民主制度和计划经济

为什么一人一票的民主制度会导向政府的失败？同时我也在思考，一人一票的民主制度的失败逻辑和计划经济失败的逻辑会有什么联系？

计划经济的初心是为了社会公平，为了每一个人都公平。计划经济有几个基本的假设：假设每个人的需求是一样的；假设每个人都不会贪婪，会勤劳工作；假设国家有能力收集信息进行生产和分配。然而，实际上每个人的需求是不一样的，所以西方要推行市场经济。

一人一票的民主制度也有几个基本假设。第一，假定每个人的智商是一样的，实际上是不一样的；第二，假定每个人收集信息和分析信息的能力是一样的，也就是说，信息的可得性对每个人都是公平的；第三，假定每个人都有能力选择，选择既有利于自己也有利于公众的利益。这些基本的假定，初心也是为了社会公平，每个人都公平。

这样推论的话，如果计划经济必然失败，那么一人一票的民主制度也必然会失败。我不反对民主，但是现在把民主简化为一人一票，这是西方国家最大的问题。其实民主有非常广泛的内容，比如，这几年在中国很出名的托克维尔的《论美国的民主》，其中对民主谈得很少，主要是讲平等。托克维尔认为民主最大的优点是自治，而不是靠政府。但是现在西方国家基本上都依赖政府，依赖一人一票的民主。

西方现在批评中国非常集权，但是现在西方政府的权力比中国还要大。法国人为什么动不动就造反？因为国家管得太多，国家要提高能源价格，老百姓肯定反对。我把现在一人一票的民主称为计划政治，如果计划经济会失败，那么计划政治也会失败。

三、中国模式分析

研究中国模式首先要看中国模式的制度到底是怎样形成的。中国改革开放40多年来取得了很大的成就，从20世纪80年代人均GDP不到300美元，到现在将近1万美元，中国使8亿多人脱离了绝对贫困，这是世界历史上都没有过的。很多人认为这是向西方学习发展市场经济的结果，也有很多人分析，是共产党领导的结果。我认为，市场经济很重要，共产党的领导也很重要，但只讲这些还不够，其中还有一个是制度的原因。

20世纪80年代中国提出过两个口号——政治民主化和经济市场化、集约化，可为什么越发展，中国越来越像中国，而不像西方国家？研究中国模式，只看改革开放的40多年历史是看不清楚的，只看新中国成立后70多年的历史也看不清楚，看近代以来的历史也不够，我认为至少应该从汉朝开始研究。

（一）三层资本制度

2019年年初我刚刚出版了一本书，其中提到西方国家说中国是所谓的"国家资本主义"，但其实不是。比如，在中国浙江、广东等经济发达地区，国有经济当然很发达，但地方民营经济也很发达，所以这个说法是不成立的。于是我提出了一个三层资本理论。

学经济学的人应该都知道管子，他是中国古代最好的经济学家，他的理论可以解释中国几千年的经济发展。中国从汉朝以来，在社会正常运营的情况下，都在使用三层资本理论，即顶层的国家资本，中间层的国家和民间资本的合作，以及底层的以中小型企业为代表的民间资本。近代的人很聪明地把它简化为官办、官督商办和商办。

中国2000多年的历史中，只有四个阶段走向了国家主义。第一个阶段是两汉之间的王莽改革；第二个是宋朝的王安石改革；第三个是明太祖朱元璋时代；第四个就是毛泽东时代。这四个阶段的历史并不长，分别只有几十年。这期间是国家占了主导地位，市场不发挥作用。其余大部分时间，三层资本相对均衡的时候，经济发展就相对稳定。

西方国家一直批评中国是专制主义，这里面隐含着中西方不同的经济哲学。在罗马帝国解体之前，中国和西方对经济的看法都差不多，都认为管理经济是政府的一部分职能。但是在罗马帝国解体以后，西方的城市国家崛起，慢慢使得经济功能从政府功能中分离了出来，到今天走向了另一个阶段。以英美国家为代表的现代西方国家都不主张国家干预经济。而在中国、日本等国家和地区，国民的通识就是政府应该管理经济，为经济发展负责任。中国则更进一步，经济体系有了自己的系统。中国国有资本有2000多年的历史，国有资本主要负责两个方面：一个是大规模的基础设施建设，如水利设施；另一个是应付大型危机，如各地建立粮仓就是要针对粮食危机。

管子的理论还包括要平衡经济、平衡市场的力量。西方经济学讲供需，背景是市场。管子讲轻重，轻重的主体是政府。从这两个方面就能看出来，一个是以市场为主体的经济体，一个是以政府为主体的经济体。

中国经济体可以避免西方城市经济体系下马克思所说的周期性危机。改革开放40多年来，中国避过了1997年的亚洲金融危机，避过了2008年的金融危机，这和中国的经济结构调整，和中国政府管理经济的责任是有关系的。当然，中国的国有经济本身也要改革，也要预防经济体的封闭。西方之所以有很多反垄断法，就是为了使经济体保持开放性和发展潜力，如果出现垄断，经济体就容易封闭起来，发展就有了问题。

中国的经济体制中，民营经济有它的独特功能，中国的浙江、广东等地创新能力最强的就是民营经济，还有很重要的一块，就是国家跟民营合作发展经济，现在叫PPP模式，在三层资本理论中叫混合经济体。所有的经济体，包括欧洲的经济体，在某种程度上都是混合经济体。理解这三层资本理论，对研究中国模式会更有帮助。

（二）三权分工合作体制

在政治上，西方国家有三权分立制度、多党竞争制度，中国也有自己的模式，我称之为三权分工合作体制。西方国家的三权分立是立法、行政、司法。中国的三权不一样，中国是决策、执行和监察。这个制度从汉朝开始，到晚清才真正建立起来。中国历史上王朝兴衰，皇帝来来去去，但这三权分工合作制度从来没有变过。

孙中山先生推翻了以前的制度，建立了民国，他认为中国传统历史上也有好的制度，于是提出了五权宪法，想把西方好的制度和中国好的制度结合在一起，就是把西方国家的三权加上中国的两权（即考试权和监察权）。我觉得这主要还是从书生的角度考虑的，并没有实践经验。从中国台湾的发展历史来看，很难把西方国家的三权和中国的两权放在一起，要么是中国的，要么是西方的。在中国台湾，考试权早就没有用了，"监察院"的监察权也没有用，中国台湾现在基本上实行的是西方国家的三权制度。

西方国家的三权制度表面上看起来很好，可使用起来却有非常大的问题，因为其中有西方国家的文化基因。2017年我和台湾大学的学者交流过，台湾所谓的多党制并不好，因为他们还是从一党制的思想出发发展多党制的。西方国家的多党制有一个妥协机制，就是政治，没有妥协的话就很难发展。在中国台湾地区，尽管民进党反对国民党，但是民进党跟国民党没有什么两样，比如民进党是叫同志，国民党也叫同志。

在吸收了西方的民主化以后，台湾出现很大的问题，经济到现在基本上没有增长，很多教授20年没有涨过工资。5年不涨工资，人民就会有很大的意见，何况是20年。我相信民主和自由，但是我也相信人穷志短。20世纪五六十年代，中国内地有一些人从广东游泳游到了香港，就是因为穷。

判断一个体制怎样发展经济，不能简单地和民主挂钩，更不能简单地把所有好的东西都跟民主联系在一起。民主虽然有好的地方，但不是所有好的东西都是因为民主。

（三）中国贤人政治制度

中国还有一个是历史上形成的制度文化，不仅仅是三权分工合作体制。中国以前的科举考试制度，值得从民主的角度重新思考。现在很多人把科举考试简化为考试录用人才，其实远没有那么简单。

西方国家的民主其实是政治家族之间的竞争，比如，希腊是非常经典的西方式民主，到现在依然是20多个家族之间的竞争，也包括美国、英国、德国，甚至日本。日本从明治维新以后就是由那些家族统治，他们的竞选广告就像是一部家族史，上面会介绍家族几代人一直担任政府职位，一直在为人民服务。但是这个制度，中国肯定接受不了，中国人相信王侯将相，宁有种乎。

中国古代历史上曾发生过两次政治改革。第一次就是秦朝的建立，这是一场从封建、家族到国家的改革。秦朝建立的国家体制是世界上最早的近代国家体制，西方国家到了近代才出现像秦朝这样的官僚体制。西方国家的体制本身就包含很多中国因素，在罗马帝国解体后，西方就不存在中央集权的政体了，然后进入了黑暗时代、宗教时代，直到文艺复兴以后，他们才通过学习阿拉伯、东方等地的文化和制度，并逐步融入了西方的文化。

中国文化中还有独特的理性主义，比如，西方的政教冲突持续了数百年，而在中国，用孔子的一句话就可以解决——敬鬼神而远之；又比如，特朗普当选后，美国解决不了商人和政治的关系，而中国文化制度中的士农工商制度早就解决了。士农工商制度不是表示商人地位最低，而是指商人的钱不能直接转化为政治权力，商人不能直接从政，但是可以不经商而从政，如管仲，还可以鼓励后代从政。

第二次是从唐朝开始的科举制度。中国最有权力的是皇帝，皇权是垄断的，只属于皇帝，而相权是向全国人民开放的，理论上谁都可以通过考试进入官僚体系享受这个权利。中国的皇权和相权，很多时候都非常平衡，尤其是宋朝。当然，宋朝的读书人权力太大也会带来另外的问题。

科举制度的作用不仅仅是考验知识和才能，也能起到连接社会的作用。中国古代有些制度很好，如父母去世，官员要守孝三年，哪怕是宰相也要守孝，这个制度可以避免官员脱离社会。现代也可以引入这个制度，不需要三年，三个月的时间也足以让官员静心考察一下社会。

现代社会中有一种学位至上的观点，新加坡的大学教授希望每个人都能读到博士，以为博士会更聪明，其实不然。博士的一个重要特点就是容易和社会脱节，然而政治是很现实的，尤其是选举。

新加坡现在也很担心，一方面要高学历，但是高学历容易脱离实际；另一方面又要切合实际的发展。其实美国也是一样，民粹主义的产生就是因为脱离现实。我们应该重视教育,如果教育不好,香港就是案例,但也不能过度教育。新加坡的副总理有一句名言,最危险的就是过度教育,过度教育肯定是会被推翻的。

贤人政治制度、三权分工合作制度和三层资本制度是一整套制度。中国本身是世俗社会,无论是政治家族还是社会平民,都可以参与到这套制度里来。如果把民主简单理解成一人一票,那么这种制度肯定行不通;但如果把民主理解成一个群体的政治倡议,那又是另一番解释了。

五四运动以后,中国自己把以前的制度定义为封建专制,但"封建"和"专制"这两个词语不能简单地连在一起,封建就不能专制,专制就不能封建,而中国既不是封建,也不是专制,是另外一套制度。这也是中国必须有自己的模式和走自己的道路的核心原因。

四、中国模式的未来

(一) 经济体制改革

中国无论是经济上的三层资本制度,还是政治上的三权分工合作制度,都还有很大的改进空间。近几年中国一直在强调结构性改革,那到底是什么样的结构性改革?我认为有几个关于结构的问题值得考量。

第一个是三层资本制度,也就是国有企业和民营企业之间的资本结构。在广东、浙江这些发达省份,国有企业和民营企业都很强,但是有些地方,如东北,就是国有企业太强大,民营企业参与不进去。广东、浙江的很多企业家很害怕去东北,很多人去了3个月就跑回来了,因为国有企业太强,民营企业根本进不去。这时候需要把结构搞对,就是搞清楚哪些行业应以国有企业为主,哪些行业应以民营企业为主。

汪洋书记在广东开发南沙新区的时候,很多国有企业没有参与进来。他说有两个原因,一个是国家提出要环保,要有绿色经济,而有些国有企业的进驻可能会破坏环保;第二个原因也是更重要的,就是在民营企业发展得很好的情况下，没有必要引入那么多国有企业。他们非常注意国有企业和民营企业的平衡问题。如果失衡，民营企业肯定发展不起来，民营企业发展不起来，国有企业的生存环境也不会好。

第二个是竞争中立。竞争中立是一个理想的口号，很难实现。如果同一个领域，既有国有企业又有民营企业，竞争中立就很难实现。假设有些领域以国有企业为主导，有些领域以民营企业为主导，那么民营企业之间要竞争，国有企业之间也要竞争，否则就会产生垄断。而不论是国有企业还是民营企业，都要进行反垄断。

美国已经在讨论IT公司尤其是信息公司的反垄断问题。一个公司掌握的信息超过了国家，就会出现麻烦。我觉得中国也可以考虑在IT产业方面引入竞争机制，有竞争才会有进步。民营企业和国有企业的道理都是一样的。

第三个是金融。这么多年来，我们一直鼓励大型国有银行给中小型企业提供贷款支持，但是很多银行都是做做样子，给国家看一看，实际上并没有内在动力。因为让大型国有银行服务中小型企业确实很困难，所以还需要一大批中小型的国有银行和私人银行。比如，在讨论美国金融市场时，只注意华尔街是不全面的。2008年以后美国慢慢走出了金融危机，功劳不在华尔街，而是在中小型银行，尤其是授信银行。美国很多银行规模很小，但是起的作用很大，这些中小型银行如果不到位，就可能会出现像影子银行、P2P等类型的模式，难以监管又容易出问题。又比如，现在的区块链也是一个谜，如果弄不好，也可能跟P2P差不多。

（二）政治制度改革

中国这么大的国家，决策权必须是集中的，但是决策权的科学性要强化。

三权分工合作的制度存在了2000多年，是经受住了时间考验的制度。监察权在三权中是非常重要的。监察权的调整是三权分工合作制度的重大改革。但是，现在的监察权还需要完善。比如，权力不够整合，如果一会儿是党的纪律监察委员会，一会儿是监察部门，一会儿又是审计，地方政府会一直忙于应付。我认为，监察权的责任应该是监督执行，不是简单地找毛病。

西方国家一人一票的民主虽然出现了问题，但民主进程还是不可避免的。中国也要借鉴西方民主，找到中国自己的民主方式。民主的范围很重要，中国的基层民主就比较好，民众主要参与那些对自己有影响的政策。

大型政策的研究和制定需要专业知识背景，连专家都很难判断一项政策会产生什么样的结果，一般老百姓更不可能做出这样的决断，所以一定要培养一批有作为的、负责任的、敢担当的文化精英。任何社会如果有一批有担当、有时间、有兴趣和有能力思考的精英，这个社会就不会太差。如果精英阶层堕落了，这个社会再好也会堕落。

西方民主以前叫代议民主，我们选你代表我们的利益，你就要为我们负责任。而现在的公投就是直接民主，把政治人物应当承担的责任返还给老百姓，老百姓是没有能力做出正确决策的。比如，英国公投"脱欧"，投完了以后大家都在查"脱欧"是什么意思，连"脱欧"的概念都不清楚，怎么能做决策呢？中国几千年能维持贤人政治制度，通过这个制度把有责任感的精英放到决策位置，这个道理到今天依然适用。

中国人大多相信有付出才有所得，而现在西方国家的问题是，所有的东西都说是权利，不干活儿也要享受权利，这就有点过分了。你要得到一份，就要贡献一份，没有贡献怎么能享受福利！西方的制度也有值得借鉴的，如一人一份工资，但是这并不能解决问题，社会还是需要确立正确的和错误的道德标准的。现在的西方国家有一点很奇怪，就是老百姓要什么就给什么。有人要吸毒，毒品合法化，如美国得克萨斯州和加拿大；有人要吃汉堡包、喝可乐，第一杯付一点钱，免费续杯；以前人是两种性别，现在是五六种性别（性取向）。这就是自由主义本身存在的逻辑问题。

中国作为几千年来唯一没有中断的文明的国家,能生存下来一定有它的道理。现在大家讲可持续性,但凡是文明的都是可持续的,如果不是文明的就是不可持续的。文明也决定了行为方式。

有人说,"亚洲四小龙"要变化了,其中一点就是说,"亚洲四小龙"出现的问题是因为民主不够,福利不够,但这完全是错误的。比如,新加坡的福利制度既比西方国家做得好,同时又回避了西方福利制度养懒人的问题。新加坡有一人一票的民主制度,但是又有独特的设计,避免了西方多党无限制的竞争。所以我不反对学西方,要进步就要海纳百川,但是学西方必须符合自身文明的特点,以自己为主体,把其他国家好的东西容纳进来。就像近代张之洞所讲的,中学为体、西学为用,这样的学习才会成功。

点 评

潘维:今天郑永年教授并不是那么强调制度性的作用,他说的很多问题都是政策性的问题,我是非常同意的。如果说一个国家的成功是因为制度的成功,是因为制度的优秀,这个看法会相当危险;同样,如果说一个国家的衰败是因为制度的衰败,是因为制度不好、本质不好,这个看法是一样的危险。

因为国家兴旺发达的时候是实行这个制度,现在还是同一个制度,那为什么会衰落?制度是"死"的东西,它是上层建筑的安排;人是活的,生产方式是活的。那么为什么今天我们面临很多的困难?其中很重要的原因,就是生产和生活方式正在发生巨大的变化。我们人类财富的主体从种植、养殖的财富变成了制造的财富,而今天变成了设计研发出来的无形的财富,人的心理从精英到一般民众都出现了重大的焦虑。

杨光斌:郑永年教授提出了三个问题:西方制度出了什么问题,怎么解释中国模式，怎么预测中国的未来。

关于西方的问题，如果问中国政治学有什么贡献，那就是当西方出现重大危机的时候，我们在理论上能把它解释清楚。郑永年教授用的概念是计划政治。我们说西方的民主以及西方国家为什么铺天盖地都出问题了？我们认为民主的同质化条件，或均质化条件，第一个是国家认同，第二个是共享信念、共享文化，第三个是基本平等。没有这三点，搞党政民主失败的概率是非常大的，成功的可能性是非常小的。一人一票的民主模式表面看起来是投票，背后是党派，但党派背后又是谁？是宗教、民主、阶级。因此党争是把民主之争、阶级之争，尤其是宗教之争台面化、制度化、法治化。联合国成立的时候，成员有54个，今天有200多个，以后还会越来越多。背后的原因之一就是党争缺乏民族的同质化条件。

关于中国模式，对中国模式的理解我们并没有局限于当下40年或者70年。我们70年背后是2000年，甚至3000年、5000年，中国政治学发展借鉴过各种模式，民国的时候流行的政治学是欧洲的，新中国成立后30年我们流行的政治学是苏联的，改革开放以后流行的政治学是美国的。

政治学都是大型文明、大型国家的产物。我们的文明这么悠久，文化内容这么庞大，为什么没有中国的政治学？为此，最近我们中国人民大学提出了历史政治学，提出了中华文明基因共同体、中华文明基体论。2000多年以来，中华文明基因共同体当中，有很多传统的基因，如大一统，明文主义，官僚制、仁、义、礼、智、信，渗透到政治思想层面，到国家制度层面、社会层面。"十三五"的核心价值观与中国文化一脉相承，不但新中国70年和中华文明2000年一脉相承，新中国成立前后也是一脉相承的，因此我们解释的路径是一样的。

黄进：对改革开放40多年的模式和道路，我有5个观点和大家分享。

第一个观点，世界是丰富多彩的，人类社会是一体的，但是人类一定不能只有一种模式，它是多元的、多样的。中国的模式和道路，只是国家发展的一元、一样，是丰富多彩世界里面的一个组成部分。

第二个观点，中国的道路和模式是独具中国特色的，不是西方的，也不是中国古代的延续，而是在不断发展演变的一种混合式的、融合式的模式。

就像中国的法治体系，有人把中国的法律归到大陆法系，我是不赞成的。中国的法治体系在近现代以来，确实受到大陆法系影响，但是中国的法治道路就是中国特色社会主义法治道路，是我们自己的中华法系。中华法系是开放包容的，要吸收世界优秀的法治文明成果，但同时又是要立足中国，立足当下，走中国自己的道路。

第三个观点，改革开放40多年来，中国自己的道路和模式下形成的一些价值观和共识应该是要坚持的，比如党的领导、市场经济、民主法治、科学发展观等。

第四个观点，在探讨中国模式和道路的时候，要重视民主法治在现代化进程和中华民族伟大复兴过程中的作用。民主法治，不是西方式的一人一票民主，而是以人为本，尊重人权，反映人民意愿的民主。

第五个观点，讨论中国模式，要更关注三种权利：人权、产权和主权。人权和产权是对内要高度重视的两个权利。我希望中国是一个非常安全、非常稳定，人人都向往的地方，这就需要有对人权和产权的保护。主权是国际法的一个基本原则。一个国家要走自己的道路，发展自己的模式，国家的主权是要被高度重视的。

互动提问

（刘纪鹏）问：我们提出构建人类命运共同体，共享、共治、共建。我们不输出中国模式，但是如果需要，我们会对外介绍中国经验。对这个问题，你怎么理解？

郑永年：新加坡经验，就是一个字——法，这就是它的关键。西方的发展经验中，法出现得较早，然后是科学、民主，顺序是法治、科学、民主，新加坡牢牢掌握了"法大"的精髓。

我写过一篇文章，讲新加坡和中国香港的区别。新加坡有鞭刑，还有绞刑，这是以前英国殖民者留下来的，但是法掌握在新加坡人的手里。中国香港地区基本上法是掌握在外国人手里的，这是大问题。

1978年邓小平访问新加坡，李光耀有一句话刺激了邓小平。李光耀说新加坡人都是广东、福建的苦力，我们苦力都可以把这个国家搞好，你们为什么搞不好？邓小平回来后就立即召开中央工作会议，讨论改革。邓小平希望李光耀先生当中国政府的顾问，李光耀推荐了他的副手吴庆瑞。吴庆瑞先生在中国的接口人是时任副总理谷牧，沿海经济特区就是吴庆瑞先生跟谷牧先生一起搞起来的。

所以说中国摸着石头过河，还是有借鉴的。学习了新加坡，而且比新加坡做得更好，但精神是一样的。中国经济上更了不起，中国从温家宝总理时期开始成立了国资委，本身是要向新加坡和马来西亚学习的。它们的国有企业每年50%的利润要进入社保，取之于民，用之于民，而我们现在差不多能达到15%。新加坡的国有企业是为老百姓做事情的。

所以很多东西，从法到党，到企业的改革都可以学习。外交也可以学习，新加坡是小国大外交。新加坡没有几个大使，但是每个人做得都很好。新加坡外交官都是笑眯眯的，恨是藏在心里的。

(刘纪鹏) 问：李光耀的儿子当了总理，儿媳何晶又管着国有企业(淡马锡)，这种情况是怎么形成的？是职业招聘，还是民主选举，抑或是指定？老百姓对这个有什么看法？

郑永年：新加坡还是有党内民主的，李光耀挑选接班人的时候，他自己特别希望陈庆炎来当，但投票还是选择了他的儿子，说没一点关系也不可能。

新加坡很小，有不到10万名党员，精英不多，两三百人。欧美都形成了政治家族，新加坡会不会有这样的政治家族？我觉得需要观察。

新加坡的议会从选票的人来说，执政党一直占60%左右，余下的40%左右一直是反对党的，所以执政党要做得好，做不好反对党还是可以把他们选下去的。何晶出任淡马锡的主席也不是李显龙的主意，是淡马锡前控股主席丹那巴南推荐的。实际上还是要看业绩，还需要才能。

（刘纪鹏）问：在你预见的未来，新加坡的反对党有可能执政吗？

郑永年：新加坡的反对党有20多个，但几乎没有人才，人才都在执政党里面。执政党足够开放，能吸纳真正的人才。新加坡以前的很多官员搞学生运动时也很激进，也有人差一点坐牢，但都不妨碍日后在政府和执政党任职。

新加坡有两种人政府是绝对不用的：一种是光会说好话的人，另一种是光会骂人的人。新加坡的用人之道是，必须用有见识敢批评的人，因为他们有反对党。关于人才，你若不用，他就会去反对党那边，这就是你的损失。有人反对没问题，只要反对得正确就行。

（孔丹）问：我不是学者，也不是什么专家，我是一个做实务工作的。我的问题是这样的，十八届三中全会提出来，改革是为了实现国家治理体系和国家治理能力的现代化。体系是什么？包含什么？最近十八届四中全会就专门讲了13个方面。郑老师能不能给一点评价和建议？怎样加强和改善我们的国家治理体系？怎样提高我们的国家治理能力的现代化程度？怎样理解现代化？

郑永年：从近代开始，大部分中国人对现代化的理解就是西方化，西方怎么样我们就要跟着怎么样。实际上这并不是现代化，而是现代的一些价值，我觉得治理的现代化不是这样的。治理的现代化不是抛弃传统，而是选择有效的、有用的。十八届三中全会讲市场起主导作用，政府起更好的作用。我个人觉得要把中国最大的现实考虑进去，就是"谁来做"的问题，治理的主体是谁，是市场吗？是政府吗？我觉得十九届四中全会解决了一个问题，就是执政党是什么。

我觉得这次的现代化跟20世纪80年代所说的现代化是不同的。比如，新加坡是非常现代又非常传统的，现代和传统集合起来，这就是有效的治理原则。再比如，西方一直在追求价值，追求美好的价值，但是治理能力却越来越差。现实主义的治理，即采用有效、有用的就可以，而不是用乌托邦的东西来取代现实。

可行的理想才叫理想，不可行的理想就是空想。社会科学从来没有理论，如果一个人理解社会科学是从理论开始的，那肯定是失败的。古希腊的亚里士多德的政治学就是对古希腊多个城邦做了一个总结，最终变成了经典的政治学，到今天还在用。

所有的东西都是实践在先，理论在后。我们有一个迷思，就是我们要用理论指导实践，我是不相信这一点的。我认为是实践指导实践，只是把实践说出来变成了理论，这个理论还是实践。我特别佩服邓小平的"实践是检验真理的唯一标准"，不是"理论是检验真理的唯一标准"。

问：您在新加坡有没有做过新加坡和中国法律的比较？李光耀是英国学法律回来的。英国在800年之前为了保护顶尖人才和他们的利益就颁布了法律。美国在这个法律的基础上颁布了新的法律，兜住了整个社会的底线，也包括有天赋、有能力的人的利益，这是这个社会的核心。我们中国现在没有这样的法律，您怎么理解？

郑永年：这个问题很简单，李光耀从英国学法律回来后，新加坡并没有照抄照搬英国的法律，而是把中国以前法家的理论和西方的法律比较有效地结合了起来。所以现在英国没有鞭刑，没有绞刑，新加坡还保留着，还是不一样。

西方有些政治家族的利益被保护得很好，到现在也是政治家族。日本的政治家族自明治维新后就没有变过。中国从唐宋开始就不是这样的做法了，中国是要避免政治家族的形成，因为政治家族会造成寡头政治。当然，政治家族也有好的方面，就是贤人政治，而且整个政治向大众开放。

我觉得后发的经济体肯定会借用发达国家的技术和知识。美国现在指责中国，实际上它刚建国的时候也从英国偷技术，德国也从英国偷技术，后发展的国家在某些方面肯定要先用这些东西才能追赶得上。

还有一点我想强调，中国确实改革开放40多年了，找到了有效的创造财富的机制，但是还没有找到有效的保护机制和财富增值的机制，这一点是以后要做的。

问：如果中国模式在未来不断取得成功，那么有一点是可以肯定的，中国在未来不会出现人穷志短的问题，但是会出现中产阶层和富裕阶层体量和人数不断增加的问题，诉求也不断多元化。不断出现的中产阶层和富裕阶层，会不会出现言论、政策制定话语权和其他的政治诉求？这方面如何立法？

郑永年：我提倡一个文化中产的问题。我们老是抱怨政府，但其实是有什么样的人民就有什么样的政府，政府和人民之间永远是互动的。我为什么强调穷人阶层的存在？因为这个阶层就是塑造这个政府最重要的部分，包括一般百姓。如何处理农民和政府之间的关系？欧洲的解决方式是形成政治家族。我刚才讲了，中国古代的解决方式就是实行科举制度。

我觉得中国还是传统的理念比较好，政商要分明，不要既赚钱又当官。中国怎样实现现代化是一个关键，要解决这个问题，不应该用西方的有钱就有权的方式。

问：刚才郑老师对管子特别推崇，我觉得管仲提出利出一孔，对多样性是遏制，但是为什么郑老师非常推崇管仲的思想呢？

郑永年：管仲的话不能无限延伸，要结合当时的环境。当时管仲所在的法家环境就是为了促进国家的统一。

这么多年中国为什么是多元一统？多元一定是一个框架里面的多元，一个整合下面的多元，否则这个国家就立不住。西方也一样，比如西方的自由主义也是法治上的自由主义，这是一样的道理。

问：中国要在2020年全面脱贫，一年时间够不够？

郑永年：2020年全面脱贫，指的是绝对贫困要消除，是说让人面对生活稍微体面一点。

扶贫本身是好的，初心也是好的，共产党才有这么大的动员能力，但是我们也遇到了很多问题，如养懒人的问题。我去过贵州，为了扶贫，干部送了五头羊给一个农民，农民找过来说，你的羊病了，请你来照顾一下。这样的人肯定会有。

问：您在文章里面说过保持三种感觉：疲劳感、饥饿感、孤独感。您还有一个习惯，即在新加坡从这头走到那头，这种习惯对您学术有什么影响？

郑永年：我觉得男人要有三种感觉：疲劳感、饥饿感和孤独感。这个对身体也有好处。一个星期两三天晚上有一点饥饿感，对身体有好处。疲劳感更重要，不疲劳的男人叫什么男人，男人就是一个种田的劳力嘛。还有孤独感，整天泡酒吧的男人肯定不会成功，尤其是我们做学者的，要独立思考。所以我喜欢走路，走路可以令这三种感觉同时实现。我最多的一次一天走过71公里，走一个马拉松很简单。我觉得一个马拉松走下来，自信心就很好，至少我还活着。

问：您对西方制度出现的一些问题有过反思，您谈过很多关于民主过度，包括走向民粹的问题，但没有提到西方很珍贵的传统保守主义的思想。我就想听一下对西方保守主义，就是对古典自由主义的看法。西方在面对这些问题的时候，回归到保守主义是不是另外一条出路？

郑永年：保守主义也好，自由主义也好，还是其他的主义也好，主要看载体是什么。我为什么提倡文化中产？因为若是有这样的阶层，什么主义到他们身上都没有问题；如果载体不行了，什么主义跑到他们身上都会出现问题。西方保守主义的载体是哪一些社会力量，这是它的关键。

问：中国的中产阶层有一小部分人迈入了财富自由，中国的中产落后西方的中产多少年？我一直很好奇这个问题。

郑永年：中国的中产落后西方的中产多少年，这个问题没有办法回答。中产是一个社会的中位数，不可能要中国人均 GDP 1 万美元和美国人均 GDP 5 万美元这样的中产比，比也没有用。中国社会科学院很多人都在做这个项目，我觉得首先要找到自己的命题，不要跟着西方的命题走，简单的比较没有多大意思，要看自己的国情。

纪鹏荐语

7

40 多年的改革开放，中国取得了举世瞩目的成功，但改革成功在哪儿？这条成功之路是独特的中国之路还是可复制的中国模式？始终没有人系统总结。我认为中国改革的成功有二：其一是确立了市场经济的改革方向，并将党的领导与市场经济相结合；其二是成功的改革方法论。

回溯历史不难发现，这两条成功的经验与新加坡的发展模式颇有相似之处。曾记否，1978 年 11 月，我国改革开放总设计师邓小平访问新加坡并与李光耀深谈，共同探索东亚国家在传统文化背景下的改革思路。如今看来，新加坡的"李光耀+市场经济"，与中国"邓小平+改革开放"颇有异曲同工之处。新加坡人民行动党长期执政，中国则始终坚持中国共产党的政治领导。

今天的中国，学习研究习近平新时代中国特色社会主义经济思想，我归纳为四个特征：(1) 党对经济工作的坚强领导；(2) 市场经济的宏观运行机制；(3) 有为政府引导市场经济运行；(4) 国有资本为主，包容其他资本形态的现代公司制度。

当今海内外，既了解新加坡的发展之路，又持续探讨中国模式的学者，新加坡国立大学东亚研究所前所长郑永年教授当属佼佼者。

郑永年教授，著名的中国问题专家，从普林斯顿大学毕业后，于1996年年底赴新加坡国立大学东亚研究所工作，历任该所研究员、资深研究员、所长。还曾于北京大学政治与行政管理系，英国诺丁汉大学中国政策研究所任职。他出版的专著超15本，内容均与中国问题相关，包括《中国的文明复兴》《中国通往海洋文明之路》《未竟的变革》《中国改革三步走》《中国模式：经验与挑战》《未来三十年：改革新常态下的关键问题》等。其中，《中国模式：经验与挑战》被《亚洲周刊》评为十大好书之一，并被作为中央党校指定教材。他的著作受到实践界、学术界专家的广泛认可，2014年时任国家副主席李源潮在会见他时表示，看过不下5本郑永年教授的著作。党和国家领导人经常听取并重视他的意见，对于海外学者来说，这是不多见的。

我和郑永年教授的相识源于我的老朋友的一次晚宴，初见时我便发现他知识渊博、谈吐不凡，既深刻了解中国国情，又了解国际各国规范，令我印象深刻。席间我问到郑教授的国籍，他回答："我不仅是中国籍，还是农村户口。"难怪郑教授如此注重对中国改革开放实践的调查，并在大量实践的基础上形成一部又一部佳作，而他的幽默风趣当即让我萌生了请他来蓟门论坛的想法。

此次郑永年教授作为中信改革发展研究基金会的海外顾问，应邀专程来到蓟门论坛，带来他对中国何以实现"四个现代化"的哲学思考。他认为一个国家外部的崛起仅是其内部制度崛起的外部延伸，中国人追求现代化的过程也是探索自身制度体系的过程。他认为今天中国已经形成了由三层资本（国有资本、民间资本与国家民间混合资本）构成的混合经济体系和基于"三权"（决策、执行和监察）分工合作的"以党领政"的政治体制。这个新型体制正在展现其巨大的生命力，并为世界提供除西方体制外的其他选择。

本次讲座引发各界关注，中信改革发展研究基金会孔丹理事长将致开幕词；中国政法大学马怀德校长将为郑永年教授颁发客座教授聘书；北京大学国际关系学院潘维教授、中国人民大学国际关系学院院长杨光斌教授、中国政法大学原校长黄进教授担纲点评嘉宾。这场讲座给与会者带来了重要启迪。

第八篇
世界货币演变与数字经济

蓟门法治金融论坛第 84 讲

主讲：朱嘉明　维也纳大学教授

时间：2019 年 12 月 18 日

地点：中国政法大学蓟门桥校区

点评：李肃、胡继晔

互动提问

致　辞

刘纪鹏：今天是蓟门法治金融论坛的第 84 讲，题目是《世界货币演变与数字经济》。

虽然今天的话题是要展望未来，但是中国 40 多年的改革开放历史同样非常重要。朱嘉明教授就是在这个时期，不仅在中国改革开放的历史上做出了重要贡献，并且在未来中国梦实现的关键路径上也有深厚的学术造诣。20 世纪 80 年代，我跟嘉明相识。在理论联系实际，法律结合经济，国际规范借鉴和对中国国情的尊重上，朱嘉明是我们那一代年轻人的楷模。80 年代中国的学术氛围空前浓郁，涌现出了很多优秀的青年才俊。在当时的"改革四君子"中，嘉明以笔杆子见长，他在那个时期对中国 80 年代市场经济的鉴定，包括对企业的改革，可以说是学界无人不晓。他不仅研究国内问题，也研究国际问题。

第八篇
世界货币演变与数字经济

我选择将11世纪作为这一主题的起点,谈一下过去1000年来,货币是如何演变到今天的"数字货币"这一概念的。凯恩斯曾在1930年说过:"如果以货币为主线,重新撰写经济史,那将是相当激动人心的。"我认为,何为货币是一个耗费智慧的问题,至今无法定义。但是货币每天都在运行与演化,没有货币史的经济史是杂乱的,是没有灵魂的;同样,没有经济史的货币史是干枯的,没有血肉的。所以,我们应该在这样的历史视角下来讨论今天这一主题。

在过去1000年中,我选择将1023年、1435年、1644年、1935年、1944年、1971年、1988年、2008年和2019年作为本次演讲的时间节点。我们会发现,中国货币史的演变和世界货币史的演变是互动的,而且这种关系变得越来越紧密,越来越深刻。在这个基础上,最后我再做一些结论性的讨论。

1023年,距今已有997年了,再有3年的时间,就整整1000年了。1023年,世界上主要有两个经济主体:一个是东方的宋帝国,另一个是西方的东罗马帝国。从北宋到南宋,整个宋朝在经济方面一直表现为两个主要特征:一方面经济高度发展,另一方面却始终面临着"钱荒"的压力。钱荒的具体表现为——货币需求和供给极度失衡与贵金属资源极度短缺。

而宋朝经济的高度发展则主要表现在岁铸铜钱和铁钱的额度上:北宋

一般年份，岁铸铜钱额超过了100万贯，铁钱额超过了40万贯；南宋有所减少，但是铜钱每年也有15万贯，铁钱有40万贯。在这样的幅度下，如果把北宋全部铜币的流通额（2.5亿至2.6亿贯）累加在一起，其重量相当于13亿斤，即65万吨；除此之外，还有铁钱1亿贯，重量相当于上亿斤，即数十万吨。值得注意的是，北宋和南宋的货币的物理形态是金属，然而，今天的数字货币的重量几乎趋于零。

由于经济的高度增长和金属货币严重供给不足的相互作用，此时的信用货币便成了优先选项，从而产生了交子、钱引和会子。

为什么选1023年作为第一个时间节点？因为1023年是交子的发行年，所以四川省也在为庆祝货币发行1000年做准备。

11世纪的中国，处在文化革命和经济革命同时进行的岁月中，在宋仁宗时期，我国的周边环境得到了改善，国家财政收入大规模增加。同时，我国也涌现了大批人才，如欧阳修、范仲淹等。还有柳永，也是当时最有影响力的文人之一。

交子，便是在这么一个历史背景下产生的。从仁宗天圣元年到南宋，交子一直被使用着。在南宋期间，交子、钱引和会子这三种纸币还曾同时存在过。这些场景也说明了，大约在1000年前，中国便完成了信用货币体系的建立。当然，历史上也存在一些争议，比较大的是交子上写的"除四川外"这四个字，这个问题的争议点在于，当时的历史条件下，交子在中国空间上的流动范围是多大，这个争议一直延续到了今天。

11世纪，与东方宋王朝相对应的另一个世界经济体，便是东罗马帝国——拜占庭。贵金属的存储量在奥古斯都时代达到巅峰后逐渐下降，公元800年，黄金存储量在以东罗马帝国为中心的区域内跌到了原本的1/10，这也是现在被公认为是罗马帝国衰亡的重要原因。虽然关于罗马帝国的衰亡有非常多的解释，但是货币供给不足这一原因，即贵金属的供给不能满足经济的实际需要从而导致了经济的萧条，直接导致了罗马帝国的衰亡。

在我国，唐朝的灭亡也可以被解释为是因为货币供给不足。包括安史之乱，其背后的深层原因，也是货币的供给不能适应整个大唐的经济发展，从而导致了唐朝的衰亡。在这样两个背景下，我们可以看到拜占庭和宋朝的货币制度形成了鲜明的对比。

东罗马延续了西罗马的货币制度。

10世纪之后，即马其顿王朝期间，拜占庭还是靠金属货币，主要是黄金和铜币，来支撑整个社会的经济运行的。但是到11世纪，东罗马帝国的金属，尤其是银的产量开始枯竭，伊斯兰教和基督教普遍遭遇了"银荒"。11世纪30年代，和我国北宋相对应的东罗马帝国的货币体系就开始瓦解了。之所以提到这里，是因为这可以解释为什么后来无论是哥伦布还是麦哲伦，他们在追求世界新大陆的过程中都是以追求贵金属为主要目标的，主要原因就是东罗马帝国的历史和西罗马之前的历史背景，让他们都感受到金属货币对一个国家经济运行的重要作用，他们看到了货币资源的匮乏不仅会导致萧条，还会引起政治动荡。

从宏观视角我们就会得出一个结论，即11世纪是全球货币体系的一次分解：在东方，纸币从宋朝开始，经过元、明、清，在中国延续了下来；而西方则继续着贵金属货币的轨迹。

从这段历史中我们可以看到，西罗马帝国和唐朝因为货币供给不足而导致的经济萧条，以及后来的东罗马帝国，拜占庭时代又遇到了类似于西罗马的问题，这一切都发生在中世纪以前。所以把1023年作为一个历史节点，我们看到了货币制度在当时的历史条件下，全球的货币体系实际上存在着一种内在的关系和逻辑。

我们往前追溯到西汉时代，中国的货币制度和西罗马是有相当大关系的。在西罗马帝国最重要的时代，贵金属达到巅峰的时代，对应的正是汉朝刘贺的时代。虽然二者之间的联系我们没有直接证据，但是在西罗马时代，贵金属的巅峰期恰恰是西汉黄金资源最丰富的时代。我们无法解释从西汉之后，黄金为什么消失。同样，西罗马帝国面临的这个问题也是历史之谜。

第二个历史节点是1435年，我国明王朝开启了白银经济。明英宗在1436年，宣布在整个明朝境内实行银本位，这是一个令人疑惑的做法。他为什么宣布明朝实行银本位？银的资源又在哪里？

在西方，几乎是在同一时期，葡萄牙和西班牙开启了寻找贵金属的航海时代，2019年是麦哲伦环球航海500周年。虽然明朝和葡萄牙没有直接关系，但是从历史的角度看，几乎同时发生的事情，就不得不被联系在一起。在1494年，西班牙和葡萄牙将世界做了划分，葡萄牙占领了东部，包括远东地区，这也是澳门为什么会被葡萄牙占领。相对地，西班牙占领了西部。

15世纪30年代至15世纪60年代，是西班牙成为世界航海霸主的成熟期，也是中国白银经济繁荣的时代。到16世纪，1553年，葡萄牙进入了澳门，这个时候中国白银经济正在蓬勃发展。因为当时中国没有足够的白银资源，所以此时澳门便成了白银输入中国的枢纽。一共有四条航线：第一条是从东帝汶，经印度尼西亚、澳门到广州；第二条是经里斯本、澳门到广州；第三条是通过墨西哥到马尼拉再到广州；第四条是从秘鲁直接到澳门，然后到广州。从此，中国成了葡萄牙和西班牙整个大航海时代发现贵金属的最大的受益者，完成了中国的白银化。

以上原因也解释了为什么在1521—1566年间，张居正实行了变法。在西方开启航海的背景下，这个事件或许可以解释为历史上的巧合，但是这个巧合解释了东西方在货币经济制度中的一种关系：11世纪是东西方划分的时代，而15世纪到16世纪初，中国成为当时大航海时代最大的受益者，也是西欧价格革命的最大受益者，这奠定了中国白银经济的基础。

第三个历史节点是1644年。这一年，崇祯皇帝在如今的景山公园自尽，标志着明朝正式灭亡。这个历史节点是非常有意思的。历史上，这

第八篇
世界货币演变与数字经济

一个节点的背后是全球性的危机。对于中国来说，这一年不仅是明朝最后的时期，如果我们认真研究明清史，就会发现，这一年也处于漫长的经济萧条期，这段历史是非常容易被忽略的。如果把明清政治史实剥离出来，那么中国经济有长达半个世纪的萧条期；相反，这个时候的英国却在慢慢崛起。

所以，我认为1644年不仅是东亚大陆历史上很重要的一年，也是世界历史上的关键性年份。大量的关键性事件在这一年，或者在这一年前后发生。这些大事件一起发酵的影响，在很大程度上左右了之后300年的历史发展。

这个历史问题是我个人极其有兴趣研究的一个题目。17世纪全球普遍出现了危机，这个概念是1954年由英国史学家霍布斯·鲍姆提出来的。17世纪是欧洲中世纪社会的关键性转折期：欧洲各国都出现了经济衰退、谷物生产萧条、人口死亡率上升、资产阶级革命和社会叛乱等众多异象，即所谓的普遍危机。17世纪的世界危机的影响是非常巨大的。我们发现人类历史上常常会发生全球性的、普遍性的经济危机，涉及政治、社会、宗教、科学和艺术，以及现实生活的方方面面。

有两个学者——卡门和帕克——各自写了一本书，都是在讲述17世纪这场全球性的危机，如国与国之间战争频繁。据不完全统计，15世纪至20世纪这6个世纪中发生战争最多的时期就是17世纪。1618—1648年，欧洲经历了长达30年的战争；1635—1666年，世界各地发生的大规模叛变与革命达49次；1618—1678年，波兰动荡长达27年，荷兰为14年，法国为11年，西班牙3年，而1644年明朝的灭亡也在这个时期内，世界各地的和平期特别短暂。

与此同时，在亚洲，不仅仅是明朝的灭亡，印度、土耳其和奥斯曼帝国都发生了全方位的政治危机，其中，中国是最严重的国家。所以史学家史景迁曾提出一个问题：我实在无法理解，1600年还好好的一个大明王朝，为什么在1644年突然崩塌了。针对这个问题，如果我们能把莎士比亚和英国联系在一起，把汤显祖、吴承恩和明朝灭亡联系在一起，再把他们和17世纪的危机连接在一起，或许我们会对历史有更加全面的感知。所以史景迁提出的最有意义的看法是，从1600年开始，不到50年就将自己的王朝断送于暴力，然后将混乱的国家重新带入有序轨道的，既非反叛的农民，也不是与朝廷忤逆的时代，而是生活在明朝北部边境的，自称满洲的女真人。

从经济角度来看，导致明朝覆灭的原因是白银流入量的锐减，引发了财政危机，它的背后是世界白银形势的逆转。这个形势逆转和欧洲危机联系在一起，导致了中国和南美洲最重要的通道——马尼拉通道——的中断；与此同时，日本切断了对中国白银的出口，所以在明朝末年，中国出现了因银价暴涨而引发的通货紧缩和通货膨胀现象。这些现象是在历史的长河中同时发生的。

另外，17世纪有一个全球性的小冰川时代。小冰川时代最终影响了中国陕北地区的农业收成，而这个光景导致了张献忠的起义。非常巧合的是，1640年的英国也是动荡不安的。一直到1660年，查理二世复辟之后，随着天气的转暖，局势才真正稳定下来，英国重新走上了一条崛起之路。然而，中国的小冰川时代却一直持续到了康熙中后期。当然，英国的崛起还有其他原因，但是最大的原因就是英国在这个时候完成了对企业组织的改组，完成了海上霸权的建立。

因此我们说，1644年又成为以中国为代表的东方和西方历史分叉的时间节点。在这个时候，两个地区的货币制度从此开始走向不同的方向。最大的表现是，17世纪的英国确定了金本位制度，而中国还挣扎在银本位经济的形态中。此外，我们还会发现，中国的银本位制度是如何影响今天中国的历史的。而此时需要特别强调的是，在中国的康熙年间，牛顿负责伦敦皇家铸币场的监管工作。在他监管的时期，货币的铸造和金属货币的防伪问题是他重点关注的。

那么，总的来看，中国与西方货币金融发生分流、分岔的本质是什么？答案就是在 17 世纪，中国建立的制度是货币、国家财政加信用的体制；而西方是货币、公司利润加信用的体制。但是中国的本质是财政国家，财政依赖货币，货币短缺才形成了纸币；而以英国为代表的欧美国家，依赖公司，公司的生存则取决于利润。所以 1644 年以后的这次分野，最终使英国走上了工业革命的道路，而中国始终在白银经济的大体系中不断挣扎，始终没有摆脱白银经济的束缚，一直持续到 20 世纪 30 年代。

差别就从这里显现出来了。英国一方在逐渐崛起，而中国康熙年间还处于萧条时代，即康熙萧条。史学界认为康熙萧条维持了 37 年之久，一直到 1697 年，这个时候已经快进入 18 世纪了。

第四个历史节点是 1935 年，这个历史节点也是很重要的。2007 年有一本书很盛行，叫《货币战争》。这本书最后被证明是一本极其缺乏学术价值的书。因为作者把一个真实的、复杂的历史经济发展和金融发展的过程卡通化了。世界上经济发展有它的内在逻辑，其中有很多东西我们并不能解释，但是即使不能解释，也不能简单地做政治上的结论。

为什么要选择 1935 年作为一个历史节点？要理解这个问题，就必须回到很重要的一段历史中，即清朝末年。当时，普林斯顿大学的教授，在 1904 年 8 月 27 日向中国的清政府提出了系统的货币改革方案，这个方案让人非常震撼。

该方案核心观点是针对中国的国情建立金汇兑本位制，这种制度是基于贵金属的各国法币为中介的制度，而不是直接以贵金属作为本位制度。令人遗憾的是，这个制度被否定了。后来，卫斯林在 1912 年又提出了系统的中国货币制度的改革方案，即使过去了 100 多年，从今天的角度去看，这个方案也不过时。同样，清政府错过了这个机会。随后进入了北洋政府统辖的时代。北洋政府形成了两派意见。第一种意见,从北洋政府建立到1920年,当时货币经济改革的代表人物讨论的主题方案是在贵金属框架下的改革。第一种意见,形成了以孙中山为首的货币革命方案和纸币方案。但是历史的发展是令所有人,包括金融精英都出乎意料的:1927—1930年期间主流的主张还是建立金本位。像甘默尔提出的中国应该建立以孙中山的"孙"为单位的金元体制方案,也并没有得到贯彻。

1933年3月,国民政府突然实施了"废两改元"的改革,即废除以轻重量的白银为主体的货币制度,把它变成国家规定的银元制度。但是不到2年的时间,国家又废除了银本位,直接实施了法币改革。

为什么会发生这种情况?因为1933年12月12日,美国罗斯福总统宣布了新的白银法案,世界货币金融制度发生了相当大的变化,白银价格急剧上升,中国白银大量外流,使得刚刚实行一年多的"废两改元"制度不得不废除。在此情况下,南京国民政府做出了重要的决定:白银国有化。只有这样,才能使法币改革具备贵金属的支持。

1935年,这一年是非常重要的一年,在这一年,中国完成了一次超前的货币制度改革,而且这个改革的整个思路与后来布雷顿森林会议的制度有相当大的相似之处,但是这次改革的影响是非常有争议的。一种观点认为,若没有1935年的币制改革,就没有抗日战争的胜利,因为国家没有办法使财政手段和货币手段相结合,通过增发货币来使货币贬值,从而在战争时期积累财富。另外一种观点认为,恰恰是这次改革,才使国民政府进入了万劫不复的状态,为1946—1948年的国家通货膨胀埋下了巨大的隐患。

综上所述,100年前的中国还是银两制度,1933年才实行"废两改元"的制度改革,1935年才建立法币制度,所以,我们熟悉的货币制度经历的岁月其实是很短的,并没有我们想象中那么遥远。

第五个历史节点是1944年,对这个时间点,相关学者和专家讨论得非

第八篇
世界货币演变与数字经济

常多。主要原因是，这一年召开了布雷顿森林会议，在诺曼底登陆战役之前，即二战的末期。当时主要有三个会议影响了历史的发展：一个是布雷顿森林会议，影响了货币史的发展；一个是雅尔塔会议，决定了低温政治的状态；还有一个很重要的会议，它决定了世界的科技秩序。要将这三个会议联系起来，必须有非常大的历史视角才能做到。在布雷顿森林会议中，孔祥熙代表中国政府参加了该次会议。由于在这之前，南京国民政府在 1935 年做了类似改革，因此对于孔祥熙来讲，他对这个会议的理解程度超过了我们的想象。

布雷顿森林会议之后，确立了美元对国际货币体系的主导权，原因当然和美国在二战中的地位，以及它的黄金储备有重要的关系。另外，中国也因为内战丧失了成为布雷顿体制受益者的一个历史机遇。这也表明从 1944 年开始，中国的货币经济体系已经和世界主流分离了。即使我们都知道，从 11 世纪开始，永远不能把中国的货币经济和世界货币经济完全切割地去理解。

1971 年，对于国内研究货币金融史的人来说，是非常重要的一年。因为 1971 年是真正标志着布雷顿森林会议制度完结的一年，而不是现在才完结，也不是现在才进入后布雷顿森林会议时代。1971 年 8 月 15 日，尼克松发表电视讲话，主要内容是讲他对中美建交的贡献。但是在我看来，这段讲话中最重要的是他宣布了关闭黄金窗口。这一事件的发生地点是戴维营，由此我们可以看到，历史常常是由少数人在特定的时间、在特定的地点改变的。

那么美国为什么做这样的决定？主要是因为美国国内经济形势严峻，这是他们对金融制度的选择。1971 年，左右世界政治舞台的是尼克松和他的智囊团。世界就是这样被改变的。

1971 年，世界进入了浮动汇率时代。换句话说，也是从 1971 年开始，大家开始讨论货币的利率和汇率问题，但是这个时代并没有完结，只是说浮动汇率时代的波动变得更加剧烈，更加不可预测了。

第六个历史节点是1988年。1988年对世界和中国都是非常重要的一年。在这一年里，中国恢复了在世界银行和国际货币基金组织的代表权，中国开始回归世界货币经济的主流。如果从1944年算起，整整过了44年。1988年后，中国开始了货币经济重建的历史过程，或者是回归货币经济的过程。在这个过程中，中国和俄罗斯等国，或者说是和苏联，是有很大差别的：中国中断货币经济的时间，严格地说是相当短暂的。如果从1949年或者从1953年算起，到1980年，不过30年左右的时间，所以，中国整个社会具有对货币经济记忆的强大基因，这个基因是很容易被激活的。但是像俄罗斯，从1917年到80年代末期，经历了三代人，他们的这种基因已经被彻底改造，基本丧失，很难被激活。

在此之前，从1981年中国接受了世界银行的第一笔贷款开始，中国就已经开始重新融入世界的货币金融秩序了。在中国全方位回归货币经济的一些基本的、重要的历史事实中，最重要的是中国建立了中央银行和商业银行制度。

第七个历史节点是2008年，也是这次主题的重点。毫不夸张地说，2008年基本改变了世界货币和金融制度的生态。这一年有两个大事件：第一件，全球金融危机标志着自战后所建立的世界货币金融体系的稳定时期结束了；另外一件非常容易被很多人低估的大事件是，比特币的诞生揭开了数字货币时代的序幕。

首先看一下全球金融危机。世界上并不存在可以跨越很多年的货币金融制度，或者说是货币金融体系。二战后建立的布雷顿金融体系，其制度是金本位制，国债不能兑换纸币；但是在今天的货币体系中，这一切是以国家信用为基础的，黄金的地位已经变得非常微弱。今天的货币制度被称为法币制度，该制度的主要内容可以总结为一句话，即货币完全依赖国家信用。在这样的情况下，该制度的最大特点就是中央银行的地位空前上升，因为中央银行代表国家的信用。在这之后，大家才开始关心和注意美联储。美联储过去没那么重要，它存在的历史很长，开始时有非常多的私人股份。今天美联储说的每一句话、对利息的每一个表态，大家都认为不可低估。

在这样的信用制度下，我们可以发现，现在的这个世界，货币的增长速度远远快于实体经济的增长速度，这是非常明显的。20世纪60年代到90年代的增长速率，与20世纪90年代到2010年的增长速率是不可相比的。我们也同样可以发现，中央银行基础货币的地位和黄金有相关性，是在非常有限的范围内的。由于上述两种情况，全世界就会出现一个基本问题：2008年之前，超发货币和货币贬值的情形，导致了通货膨胀和实际购买率下降。换言之，既流入不动产，又变成了房贷和高利贷，最后导致了2008年的次贷危机。其中最典型的、最具代表性的事情是，雷曼兄弟公司的破产。从此以后，世界便进入了低利率、零利率的时代。

这场金融危机的影响，并没有对民众实际所依赖的经济体制有所冲击，但是对整个世界经济结构的冲击和改变远远超过每个普通人、每个公民对它的体验。尽管全世界对此做了很多回应，如"占领华尔街"等，这是美国民众最激烈的回应。这个运动启于2011年9月17日，一直维持了好几个月，并且"占领华尔街"直接影响了美国的选举。

中国对此次金融危机也做出了回应，当时的央行行长提出了超主权货币的方案，要求改变国际货币基金组织"特别提款权"的比例。中国对建立超主权货币的建议并没有被接受，但还有另外一个回应，就是在金融危机的最高点（2008年11月1日），中本聪在一个不引人注意的网站上发表了一篇文章，主要讲述了点对点的电子现金系统，这就诞生了比特币。第一枚比特币诞生于2009年1月3日，所以今年是比特币货真价实的诞生10周年。2009年，创造了50枚比特币，同时也出现了比特币交易平台，紧随其后的是以太坊和以太币的诞生。比特币的价格到2018年6月时，曾经达到了最高点，整个数字货币的市场总额也是最高的，然后持续下降，一直到2019年7月，又达到一个高点。

我们应该接受一个事实：2008年是过去1000年间人类货币历史上重要的时点。在这一年，传统的、经典的货币金融制度发生了动摇，而且造成的危机机制是无法克服的。当初流传着关于英国女王的一个小故事，英国女王问英国的经济学家："你们这么多经济学家为什么没有办法预测到2008年的金融危机？"这些经济学家无法回答女王的问题，因为女王问的是一个外行的问题。经济学家是没有办法预测世界经济如此深层的结构变化的，如同地震学家判断地震一样困难。

最后一个历史节点就是2019年。2008年出现了数字货币，并且经过10年的发展，证明它可以存在下去，可以发育，可以成长，不管有多少不同的意见，或者有多少批评。

在这里我希望大家注意，我今天是以一个学者的身份演讲的，并没有把我的价值观放进去。我希望给大家呈现一幅真实的画面，一幅尽量完整的历史画面。

2019年已经接近尾声了，在我看来，今年发生了三件大事。第一件是马斯克共计发射了120颗卫星，其意义超过了麦哲伦航海。马斯克的贡献是把我们的空间视角提升到了太空，在提醒着我们，人类确实要考虑当总人口超过100亿之后到底何去何从。我想，这是一个很严重的问题，不是危言耸听。第二件是Libra。第三件是谷歌发明了第一台专用的、被证明是真实的、具有量子霸权意义的专用量子计算机。这台计算机的第一个作用是，解决算法世界和大数据世界的计算问题。有了它，人类可以在很短的时间内，通过电子计算能力穷尽银河系所有的数据，这不再是一个传说和想象，而是一个逼近的事实。第二个作用是解决了人们对空间的认识，我们只保护这个地球是不够的，我们要将视角放在太空中。目前很多人都在讨论Libra，但是需要注意的是，大家讨论的是关于Libra区块链的想法，而不是一个真实存在的 Libra 区块链。单单是一个想法居然能够对世界产生这么大的影响，这在历史上还是前所未有的。

2019 年 6 月 18 日的 Libra 白皮书中有这么一句话："Libra 区块链是一个去中心化的、可编程的数据库，旨在支持低波动性的加密货币，并且有能力成为全球数十亿人的有效交换媒介。"我无法保证能做到，但是我们拭目以待，因为这样的提法是前所未有的。

这样我们就能回答刘纪鹏院长在演讲开始前的问题了。人类货币演变了数千年，从一个大石头开始。凯恩斯之所以成为凯恩斯，是因为他对货币进行了解读，最早发现了货币并不是教科书上所讲的从一头羊等于两把斧子开始的。货币就是象征，货币就是信用，货币可以是不能移动的，可以是沉在海中的。只要你认为它存在，它就存在，一直演变出各式各样的货币。但是有一条非常清楚，在数字货币出现之前，科学、技术和货币的关系只表现为铸造和印刷的关系，但是从比特币到 Libra 区块链，发生了很大的变化：科学直接创造了货币。

现在再把视角拉回到区块链上。区块链不是一个新概念，它之所以变得如雷贯耳，是因为区块链和比特币之间的相关性。分布式技术是 Libra 最大的特点，比如，它是和相当多的新技术连在一起的，其中最典型的公司是一个叫 GitHub 的开源网站。Libra 从 2019 年 6 月 18 日公布到真正开始运行，始终处于开源状态，大家都可以在上面修改。当然，它对新计算机语言，以及对密码学的突破，包括它现在用的新的技术、新的思路，都被应用在了开发之中。

2019 年 9 月 20 日 GitHub 公布了 Libra 的价值是基于一篮子法币来支撑的，当然我并不认为这是它的终极结果。在我看来，如果 Libra 真的推行，那么这一篮子会和 9 月 20 日公布的有很大差距。同时，我们也会发现 Libra 有很多特点，如和比特币的相同之处，和超级账本的相同之处，和以太坊的相同之处、不同之处等。总之，Libra 把数字货币提升到了一个更加复杂、更加具有挑战性、技术含量更高的地位。Libra 最终能不能落地，我认为根本不重要。重要的是有这样一个想法，而这种想法影响了各国的央行、政治家、商业银行和民众。之所以能有这么大的影响力，主要是因为它背后的脸书是一个拥有 20 多亿用户的平台。

通过比较数字货币之间的发行主体、目的和市值、总量、单价、资产储备和共识机制等，我们会发现差异是非常大的。同时我们可以发现数字货币和数字经济之间存在着相互作用。过去 10 年是数字经济发展最快的时期，也是数字货币积聚、发展和扩延的时期，这两者之间形成了强烈的互动关系，改变了我们对资本的理解、对货币的理解和对投资的理解等。关于数字经济和数字货币的叠加，从 1960 年的 IT 革命就开始了。时隔 50 多年，数字货币的加入在 2019 年达到了高度重合，使世界经济形态进入一个新的拐点。我把这个过程比作太阳系的大爆炸。从 IT 革命和 ICT 革命到数字经济的产生，再到广义的数字经济的形成，包括云计算、大数据和人工智能。当广义的数字经济形成的时候，世界经济则不以我们的意志为转移，发生了根本性改变。从目前看来，决定数字经济发展趋势的因素主要有四个：信息化、网络化、区块链化和全球化。

最后，需要总结的是，我之所以不厌其烦地从 1023 年讲到 2019 年，只是想告诉大家：世界正在向一个新型货币体系过渡，向一个新型的经济体系过渡。如果说货币电子化延伸工具——金融科技和科技金融——是新技术，那么数学和互联网为货币服务就是一种移植，自 2009 年第一枚以区块链支持的比特币诞生开始，世界货币便开始向数字货币过渡，技术全面进入了货币领域，从此货币不单是社会问题、经济问题，而且是技术问题和科学问题。数字货币不仅改变了货币的形态、货币的机制，而且正在改变货币理论。因为数字货币改变了货币需求与供给的关系，使货币供给快于货币需求，也进而解释了为什么现在的利率低下，甚至看不到成本。

第八篇
世界货币演变与数字经济

20 世纪以前，货币的演变是以百年为单位的，进入 21 世纪之后，货币的演变以几年为单位，并且这种演变速度还会加快。在这两个世纪中间的过渡时代，呈现的是主权货币和非主权货币并存的双轨制，是物理货币和虚拟货币新复本位制的时代。在这里需要特别强调的是，尽管我是一个经济学家，但是我自认为自己对科学技术的重视和理解程度还是超过很多同行的。在我看来，科学家和数学家对数字货币的贡献，是超乎想象的。今天，我们要理解货币经济和数字货币，不懂得它们的科学基础和科学机制，对我们来讲是非常困难的挑战。在历史上，对数字货币的产生有重大影响的人很多，如 20 世纪 80 年代的代表人物冯·诺依曼，苹果手机创始人乔布斯。在社会学领域，社会学家对货币有非常革命性的看法，他们提出了货币非国家化的概念。总之，数字货币的领域在不断扩大，而且速度惊人。我们会发现，未来货币体系的基本要素正在以肉眼可见的速度积聚。

在世界未来货币体系的结构图中，我们会发现，我们原本理解的货币和货币体系并没有消亡，它只是正在成为未来货币体系中的一个组成部分，而且这个组成部分在不断缩小。

我们现在处于一个平行世界，在这个平行世界里，传统经济和传统货币体系继续存在；数字经济和与数字经济对称的数字货币开始形成。如果说传统货币体系对应过去的实体经济，即从农耕社会到工业社会，那么数字货币对应的就是信息社会、知识社会和后人类社会。

在未来货币体系的结构图中，支持数字货币的最本质的东西就是"扣"，它们像宇宙中的星星一样照亮和支撑着数字货币的演变。

最后向大家推荐一本书——《LIBRA，一种金融创新实验》，我认为它在今天看来还是没有过时的。现在的事物更新太快，我认为半年没有过时已经证明很了不起了，所以把它推荐给大家，至少它可以供大家在全面理解 Libra 时做参考。

点　评

刘纪鹏：嘉明老师把漫长的货币演变史和我们关注的数字货币这条线索清晰地展现了出来，今天的货币演变和数字经济在蓟门论坛上翻开了新的一页。

李肃：嘉明主要从三个方面阐述了货币演变的历史：第一个方面是金属货币的历史，即硬通货货币的历史；第二个方面是法币的历史；第三个方面是数字货币的历史。他认为这三种货币在整个历史长河里实际上起着不同作用，而且嘉明的研究非常广泛，他演讲的三个方面系统地包含了全球的政治、历史和外交领域。

曾经在一次数字货币专家研讨会上，我们就有过思想上的交流。货币既作为交换体，又作为经济调解体，会出现大量的麻烦。嘉明将国家经济发展的历史与货币的历史联系起来，认为最初以白银作为本位制，会有一定的弊端，白银数量的变化也是导致通货膨胀的主要原因。意识到了银本位的弊端，因此中国也成为最早实行法币的国家。中国在法币的流通方面做过很多尝试，对法币的理解可能会比其他国家有更多的话语权。比如，中国在1935年就已经提前实施布雷顿森林体系了，虽然我们国家最先出现货币相关问题，但也是从中最先获得好处的国家。货币主义理论认为，国家对货币的印发量起着决定性的作用，货币是一种调节经济的手段，可以根据通货膨胀与否随时制定印发货币的政策，而不应该跟法币挂钩。这种错误的理解，最后导致了2008年的金融危机。这一次的金融危机将整个法币体系随意印发的矛盾全部暴露了出来，随后出现了数字货币。

数字货币作为一种全新的货币经济思想，产生的背景要归于数字经济学。在数字经济学发展到一定程度的时候，经济的运营就不再是物质劳动了，而应该是精神劳动。在这个时候，传统的货币无法解决因劳动性质转变而带来的全新问题，所以此时就出现了新的货币和新的货币思想。

比特币发行的时候引发了一个问题：在国家印发法币解决流通问题的模式出现危机的情况下，我们能否在民间进行去中心化，自行组织货币的发起和运用？换句话说，在今天的数字经济时代，如果公司在区域内使用自己的稳定币，用自己实际资产做抵押，那么当它发行的某个币种在世界上流通的时候，是否会威胁到政府币种的地位？由此可见，在新的数字货币时代，最主要的问题是货币如何发行。中国目前正在积极筹备数字货币的发行。因为中国的网上支付系统已经超越了全世界，这是数字货币运行的基础。中国能否在数字货币领域打造出一番新天地，是值得人期待的。如果可以，那么未来可能不再需要纸币了，中国将实现法币的数字化，而这种数字化将会带来一种全透明的数字货币。

另外，脸书目前正在发行一种国际货币，那么外汇储备最后会变成数字货币吗？要解决这个问题，人民币必须半国际化。即当货币在境外流通不畅的时候，我们可以印发人民币，而不是只依赖美元来周转，这就是人民币的半国际化。将这个理论运用到数字货币上，则是以信用作为依托的"国际化"。目的在于经济共享和资本共享，因为信用的存在，我们可以将数字货币无限循环、无限使用，而且是对无息资本的使用。

所以，数字货币代表着未来的共享经济，就是在探讨一种全新的经济模式。我们以信用作为依托，进行数字共享和经济共享，从而实现无息资本的转换，将货币国家化，最后实现数字货币的最高境界，即消灭资本，共享永存。

胡继晔：朱老师的演讲让我受益匪浅，我将从两个方面发表我的意见。

第一个方面是朱老师的历史节点。第一个历史节点是1023年，这一年是北宋天圣元年，朱老师将《清明上河图》中描绘出来的中国经济和金融处于发展巅峰的场景，与同时代的东罗马的历史以宏观的视角结合了起来，令我印象特别深刻。另外，在1644年这个历史节点上，朱老师将大明王朝的灭亡再次与西方世界的动荡结合在一起，可以发现，朱老师的视野并不是按照一个国家的历史，而是按照全球的历史进行结合的，同时又将历史与金融和经济联系在一起，真是一个别出心裁的角度。最后让我受益匪浅的是2008年，朱老师以雷曼兄弟公司破产为切入点，并将2008年金融危机与中本聪的比特币联系了起来。这两个事件看似毫不相干，但是背后的逻辑却是非常紧密地联系在一起的。我认为如果没有非常深厚的研究基础和研究功底，是很难做到像朱老师这样将全球的历史和经济联系在一起的。再次感谢朱老师的启发。

第二个方面是我自身关于本次主题的看法。按照今年国际标准化组织对区块链的定义，区块链是利用密码学原理把共识机制按照区块及它的顺序构成的一个分布式账本。何为分布式账本？人类历史上一共经历了三类账本：第一类是单一式账本，即结绳记事；第二类是1494年意大利人发明的复式记账，也是一直用到今天的会计学中的记账方法；最后一类是2008年提出的新型记账方式——分布式记账。从单一记账到分布式记账，我认为就是为了实现公平、公正、公开记账。为了避免做假账，单靠觉悟是不够的，还要靠技术。所以Libra区块链应运而生。在我看来，Libra要发展起来，就需要将它转换成e-SDR（电子特别提款权）、SHC（合成霸权货币），只有这样，Libra才可以得到提升。

最后向朱老师请教一个问题：最近Libra在白皮书中将"向原来的投资者分红"这一部分删去了，请问您对这件事有什么看法？

刘纪鹏：实际上数字货币诞生是与2008年美国金融危机紧密相连的。这场危机的核心是美国大量地使用量化宽松政策，即QE，也就是利率降到0，依然无法看到经济复苏，于是美联储开始印货币，购买国债。问题就随之而来了，美国大量印发货币，它们的锚定是什么？美联储印货币买美国财政部的债去救花旗银行、AIG公司和通用公司，同时也在二级市场买债。通过购买国债将大量的货币投放到了市场中，遍及全球，实际上是货币的变相贬值。主要原因还是没有锚定。1971 年与黄金脱钩之后，美国大肆印发货币，购买国债，最后导致 22.5 万亿美元的债务不可遏制，美国陷入了非常严重的货币危机。数字货币也就是在这样的场景下诞生的。

现在的问题是，中本聪的比特币与 Libra 的区别在什么地方？中本聪是把什么作为支撑让比特币有信用的呢？我们到底要发行多少货币才能支撑世界的经济发展？Libra 到底是一个支付手段还是真正的货币呢？如果是真正的货币，那么为什么要用 5 种法币做支撑？如果 Libra 是支付手段，那又与微信、支付宝等有什么区别？最后，为了遏制美国大肆印发货币，我们是否也要扶植新的力量来代表市场、代表人民和国家的利益进行 Libra 的发展呢？

朱嘉明：胡教授的问题是一个很大的问题，背后的核心问题是，假定 Libra 发行之后，Libra 是不是具有基本功能？这很难在短期内讨论清楚，如果按照白皮书的定义，货币应该是一个公共的东西，Libra 支持的是普惠金融。按照这个逻辑就不应该有利息，没有利息就不应该分红利。

原来的白皮书是有漏洞的，这个漏洞有两个方面。一个方面是，将来的数字货币应该是具备资本功能的，它也有存在的差异，因此 Libra 应该是盈利的。那么此时所有参与的创建者作为股东就应该分红。另一个方面是，如果不分红，这意味着它不再具备传统资本的特征。数字货币能否承担经典货币的功能，还有太多的问题值得讨论。

关于纪鹏的问题，归纳起来就是，从比特币到 Libra，能否提供一个思路，来解决长期以来出于政治原因和主权原因导致的信用货币进入到信用膨胀状态，形成货币超发和债务增加的恶性循环这一现象。

这个问题目前看来是无解的。今天大部分国家都在用国家的信用支撑来发行货币，然后导致货币极端过剩。极端过剩之后，一方面是需要货币的人未必得到了货币，但是在宏观的账本上，货币的供给是相当充分的，进而拉低了利息，导致所有的商业银行处于严重的亏损状态，从而导致越来越多的商业银行走向破产。另一方面是，大量的科技公司进入金融产业中，抢占了传统商业银行原本就很脆弱的领地。最后我们会发现，科技公司金融化的速度远远快于传统金融企业的科技化速度，因此才有了支付宝之类的产品的诞生。总的来讲，这种情况还会长期存在下去。有一件事是可以肯定的，那就是商业银行会进入越来越困难的经营状态。这样就能解释为什么连当年经营得那么好的德意志银行都几乎处于破产的边缘。

刘纪鹏：谢谢嘉明，实际上最后这个问题就是数字货币如何锚定。从比特币到 Libra，随后中国央行提出了 DCEP（数字货币和电子支付工具）的概念，可以说成是人民币的数字化。那么问题是，在法币数字化之后，信用在数字货币中是怎么体现的呢？

朱嘉明：数字货币是一个群的概念，数字货币基本上可以分成三大类。

第一类是原生态的数字货币。原生态数字货币的最大特点是货币并没有创造它的主体。把它描述为非中心化或者非主权化都不精确。它是在区块链当中产生的。因此这个是非主体化的。换句话说，原生态的数字货币最大的特点是没有锚，它的价值是由激励机制和在分布式记账过程中形成的。这就证明了一个货币的价值是可以在没有锚定的状态下产生的，它全部的基础是一个通缩货币状态，是一个共识基础，支撑它的更深层的是密码学之类的数学工具。

第二类是稳定币。稳定币有锚，但是稳定币的锚现在是多样化的。Libra 是其中的一篮子货币，主要是基于一些法币。但是 Libra 背后的困境在于它没有办法控制这些法币本身价值的波动。假定美元占 50%，那么美元价值的波动就会影响它整个一篮子货币的市场价值，从而会映射到 Libra 本身的价值上。这些问题目前为止在理论上是存在的，在技术上怎么解决也在探讨。另外，还有的稳定币是以资产作为锚的。比如说沃尔玛，它用所有货物来支撑沃尔玛币，那么货物就是它的锚。还有以算法为锚的，这是目前来说比较先进的一种锚定,但是难度很大,在实践上很困难。但是我相信这个模式最终能够走出来。理解起来就是把世界上的东西理解成一个算法,这种算法体现为算力,用它来支撑一个货币,这当然是一种锚定。以上就是现在非原生态数字货币的三种锚,当然,以后可能还会有其他的,这个空间很大。

第三种货币是由政府信用支撑的数字货币。这种数字货币的基础是非数字货币的法币,因此形成了数字货币的多元化轮廓。所以关于锚的问题,也是非常多元化的。

刘纪鹏:嘉明今天的演讲对我的启发非常大,其中最关键的问题是锚定。我们现在全力攻克比特币和以太坊,但外面总是说它们没有主权信用做支撑,因此要封杀。但是我们会发现,即使货币的锚定建立在政府主权上,也依然是不能令人信服的。所以嘉明又说了一遍,数字货币背景下,仅仅依托别人的主权来锚定,永远只能寄人篱下,因此要脱离传统的锚定,包括使用区块链的技术,来创造一种不同于传统方式的锚定。

互动提问

问:我可不可以把数字经济运动简单地理解为民众因不堪美国政府的剥削而产生的自发运动?

朱嘉明:这个问题只能从一个思路来讲,支持比特币的这些真正的创始者,包括中本聪在内,他们可能都是密码学的"左"派。他们中的很多人都曾是20世纪70年代学生运动的参与者,他们在价值取向上是支持"占领华尔街"的。因此我们说,在数字货币问题上,以哈耶克为代表的Libra人,和"左"派在某观点上是相交的。民粹主义问题在这样的场景下进行理解,它不是一个单纯的光谱,而是一个比较复杂的光谱。

问:如果将来央行的数字货币和民间的数字货币并行,是否意味着国家的宏观调控已经失去作用了？

朱嘉明：现在讲"调控"这个词我认为为时过早。我们今天讨论的数字货币包括呼之欲出的央行数字货币，还没有对传统经济形态产生重大的影响。因此宏观经济调控失去作用，特别是对新型市场国家来讲，还是为时过早的问题，一直到这个场景剧变的时候再开始讨论这个问题也不晚。

问：关于虚拟货币的发行，从开始的比特币再到Libra，还有阿里即将发行的阿里币，如果它们真的实现了，是不是会像外汇一样互相炒，最后成为一个货币市场。

朱嘉明：炒币所反映的数字货币的价值波动，是传统货币对新型货币进入做出反应的结果，目前为止还不足以证明数字货币真实的价值。因为数字货币最大的困难是它现在的价值不得不通过传统的法币来证明，这是数字货币一开始就陷入的悖论。比如，你怎么证明比特币的价值？用美元衡量，这就是它的困境，我认为这种困境短期内没有办法解决，在未来它会提出新的价值尺度。

问：欧盟五国为什么要联合抵制Libra进入欧洲市场？

朱嘉明：针对欧盟反对Libra的现象，可以从两个方面回答。第一，从反对人的角度来看，我们现在听到的反对是政治家的反对，很多商家或者企业家表示沉默或者退出Libra，是因为不敢得罪政府和政治家。政治家提出的很多问题并不能代表社会最终决策的结果，或者事情最终的命运。第二，从反对的国家的角度来看，主要反对的国家是法国。法国历来是别人说东他说西。德国在这个问题上表面上有反对意见，但应该也是中立的。我基本认为欧洲还是潜在支持Libra的。

问：我想问一下，犹太人在我们传统的货币阶段和现在的数字经济阶段起的作用是什么？

朱嘉明：您的问题也是我最近比较关注的一个问题。在华尔街的发展中，犹太人起了很大的作用，而且在互联网时代崛起的很多人也是和犹太人有关的。这种情况表明在今天的美国又突现了一支新的力量，扎克伯格和马斯克等，这股力量本质上是把硬科技和金融结合起来了。而这股力量中的人基本是移民的后代和犹太人，如来自德国、南非、伊朗等。这批人在互联网时代起了不可忽视的作用。他们在想象如何实现对硬科技的重新认识，比如，为什么硅谷在衰落？因为硅谷代表的是过去的风险投资和互联网技术的结合。

现在互联网技术已经不属于硬技术，很多技术基本上已经属于容易被理解和被复制的技术。在这种新的态势下，他们对未来的经济，特别是在经济技术方面是否还能维持他们的地位和优势，还是值得观察的。

问：朱教授能否用一个其他的词来代替"去中心化"？

朱嘉明：我是比较反对"去中心化"这个词的。我认为正确的翻译应该是"非中心化"。"非中心化"在这里表现的是现实中存在的状态。因为"去中心化"中的"去"字是动词，这是中国现代语言中特别重要的一个问题，不用动词就很难表述清楚。所以把动词加入进去之后，就把很多主观的东西加进去了。所以我不赞成"去中心化"。

问：我的问题有两个，第一个问题是数字货币发行之后通过去中心化，最后是否又走向了新的垄断？第二个问题是我们现在的货币是需要锚定的，比如，信用货币的锚是国家的信用，那么数字货币或者加密货币的锚是个人的信用还是技术的信用呢？

朱嘉明：第一个，去中心化是否可能导致垄断？现在我们都改为"非中心化"吧，因为"去中心化"含有主观意图。在"非中心化"的前提下，具体到数字货币区块链的场景下，就是一个由节点构成的超级账本，或由节点构成的交易体系。比如区块链，总的来讲，区块链本身是被理解成为一个多元的状态。在这样的情况下，当你提出这个问题的时候，实际上已经把垄断作为一个前提排除掉了。它不会导致垄断，经济学中解释垄断的那套理论是不适用的，除非你重新定义垄断的概念。

第二个问题则又回到锚定的问题上。锚是有多种状态的，锚可以包括法币、资产和算法等。从长远来讲，支撑数字货币的锚就是数字本身，只是我们现在对数字的理解还停留在简单的数据概念中，或者说更多的人是用算数，最多是初等数学来想数字，这是不对的。或许将来在量子计算机时代（最保守的说法是，在2027年，量子计算机有可能会投入使用），它或许会改变我们现在对锚的理解。因为那时，所有的数据会被迅速分类、归纳，然后把它的生命力找出来，用以支撑我们今天所讨论的4G状态下的数字货币，那时要换成5G、6G、8G和量子计算的思维。到那个时候，大家的观念都会发生变化，大家终将会对数字货币背后的技术基础有一个崭新的理解，这只是时间问题。

问：我认为交易平台的存在，使得数字货币的本质发生了变化，相当于炒美元和炒股票，您觉得呢？

朱嘉明：数字货币的形成和成长不是在实验室里面，不是在纯粹的环境中。因此数字经济成长的过程当中，必然会被古典经济和古典货币或传统经济和传统货币侵蚀。传统资本会侵入这个新的物种中，令这个新物种发生改变，而交易平台就是一种改变的方式。当交易平台或者说数字货币交易平台被应用之后，平台所使用的基本上是传统货币市场的一些工具。当然，这种情况并非一个纯粹状态，它自然会改变这个物种的初衷和原本的结构，这才是我们需要理解的地方。

当然，在选择数字货币的交易平台时，有的很快就被黑客攻破了，有的有违法行为，有的勉强地活着，还有的交易费用比较高。但是总体来说，这些平台还是稳定的。不过有一条可能大家并没有注意到，现在数量最多、繁殖最快的就是数字货币交易场所，目前存在20000多家，货币交易场所大于繁衍出来的数字货币的数量，所以真正左右数字货币交易的还是中国的几家数字货币交易所。

问：多元化的货币发行会不会使秦朝就实现的统一的度量衡失效？那我们岂不是又倒退到了秦朝之前？

朱嘉明：其实您的问题本身是存在问题的。我们应该如何定义成本？不同的数字货币诞生之后，会出现新的数字货币和非数字货币并存的情况，这意味着这个市场上，货币状态是多元化的。货币之间的交易，理论上说是交易成本增加了。但是为什么说您的问题有问题？因为您忘了数字货币的本质和传统货币的本质是不一样的。数字货币的本质在于数字，数字货币不是电子货币，而是建立在0和1这样一个基本的状态上所形成的一种货币体系。所以数字货币可以被理解成是一串代码，因此当数字货币整体化、占主导地位或者广泛渗透之后，数字货币之间的交易成本是趋于零的，这是毫无异议的。反过来说，传统的货币是有问题的，表面上好像彼此之间的交易成本降低了，其实只是因为国家垄断了铸币税，因此它的成本其实是存在于货币之中的。比如美元，它的霸权背后包含着美元的铸币税，任何法币都有由政府能够控制的铸币税。你可以把铸币税理解成不被民众所控制的交易成本，所以秦始皇选的道路还是有问题的，我们并没有倒退。

问：您曾在一本书中讲到，资本的全球化造成了贫富差距的拉大，只有数字经济和数字货币可以促进包容性。您能否回答一下，未来数字经济能不能缩小贫富差距，带来更多的包容性？

朱嘉明：我还有一个更大的兴趣，是研究后人类社会，研究数字经济的发展，包括中国出的第一本关于比特币的书，我写了一个很长的序。解决人类不平等的问题是一个永恒的问题，确实存在两种可能性。第一种可能性是寻求制度的变革。人类做了太多的努力，希望通过制度变革来实现所谓的平等。第二种可能性是寻求技术路线，历史上最重要的技术路线之一，是兰格提出的社会主义。他认为社会主义是可能的，只要计算达到一定程度，计划经济就可能实现。

如投入产出表，就是要找到和穷尽影响经济生活的所有因素。但是在当时的历史条件下，这些是有问题的，因为我们完全做不到。市场经济是人们对当时的技术条件所达到的极限产生怀疑之后，寻求的一个更明智的选择。

因为我们既然做不到，那就由市场经济来解决吧。当我们讲市场经济是看不见的手的时候，我们可以把它理解成一个黑箱算法，所以市场经济从这个意义上来讲是无限接近的一种算法。

现在的技术是不是有可能把兰格的想法，或者投入产出表真正地计算出来，我并不知道。但是针对人类平等的问题，包括日益扩大的贫富差距问题，有两种手段：一个是制度手段，另一个是技术手段。我们需要对技术手段有更大的想象力，这是毫无疑问的。

纪鹏荐语

8

新时代、新经济、新产业、新制度、新技术，集中到两条路径上，就是科学技术链和市场价值链。如何在中国重要的转折时期，在战略高度上，把握住新技术，是值得所有人深思的事情。习总书记在中央政治局集体学习会议中提到了区块链，这既是一个技术问题，更重要的是，它还是一个价值链。在新时代和新经济中，市场经济的环境是我们新时代最重要的特点。今天的话题，就是要沿着科学技术链和市场价值链，从这两个角度探索如何更好地理解社会主义市场经济这样一个重要的、在新时代具有中国特色的社会主义思想。

> 我们今天不仅仅要发展高科技，还必须在价值链上落地。如果是计划体制，那我们只要发展高科技就行了；但是如果我们实行的是市场经济，那么在这样一个金融制高点，如何落实我们的价值就变得至关重要。否则中国的发展，在技术上似乎解决了，但是在价值上却没法体现。我们买什么人家在价值上就涨什么；我们卖什么价值上就跌什么。所以金融制高点必须占领。
>
> 今天有这样一个主讲嘉宾，他从这两条路径的角度来探索"如何既解决技术制高点，即金融技术制高点，又解决市场价值制高点的问题"。
>
> 从某种意义上说，这也是实现中国梦必然要通过的路径。